增长五线

数字化时代的企业增长地图

王赛　著

中信出版集团 | 北京

图书在版编目（CIP）数据

增长五线：数字化时代的企业增长地图 / 王赛著
. -- 北京：中信出版社，2019.4（2024.12 重印）
ISBN 978-7-5217-0225-5

Ⅰ. ①增… Ⅱ. ①王… Ⅲ. ①企业管理–战略管理–研究 Ⅳ. ① F272.1

中国版本图书馆 CIP 数据核字（2019）第 043161 号

增长五线——数字化时代的企业增长地图

著　　者：王赛
出版发行：中信出版集团股份有限公司
（北京市朝阳区东三环北路27号嘉铭中心　邮编 100020）
承 印 者：嘉业印刷（天津）有限公司

开　　本：880mm × 1230mm　1/32　　印　　张：8.25　　字　　数：132 千字
版　　次：2019 年 4 月第 1 版　　印　　次：2024 年 12月第 8 次印刷
书　　号：ISBN 978–7–5217–0225–5
定　　价：58.00 元

推荐语

菲利普·科特勒　现代营销学之父

王赛的这本书，清晰且具有实操性，可以让企业管理者理解在数字化背景下企业到底需要采取什么措施来驱动增长。如果说增长是企业管理者日程中的核心市场议题，那么这本书无疑是解决此议题的不二之选。

王文京　用友网络董事长

这本书深入地探寻了增长的逻辑，揭示了企业发展之道。

朱武祥　清华大学经济管理学院教授

这本书系统提出了企业管理者所面临的增长这一核心议题，帮助企业高管在大变局时代重构企业的增长战略。

符国群　北京大学光华管理学院市场营销系教授

融汇东西智慧，超越传统理论！这本书从企业高层视角呈现了市场和业务增长的新思维、新路径和新体系。

汪涛　武汉大学经济与管理学院副院长、营销系教授

市场营销不仅关注消费者行为，它也是市场驱动型战略，而增长恰恰是这一战略的核心目标之一。此书通过“增长公式”“增长五线”等概念为企业提供了增长战略的路线图和切实可行的方法。

陈威如　《平台战略》作者

价值驱动成长！王赛博士介绍的五种企业增长战略与路径，引人入胜，发人深省！

邓学勤　正中投资集团董事长

《增长五线：数字化时代的企业增长地图》为企业描绘出一张实现业务增长的蓝图，“增长五线”向企业的管理者揭示出带领企业迈向持续成长的增长路径。

吴光权　航空工业通飞董事长

逻辑缜密，充满洞见，极强的可操作性！反复研读这本书，长期思考中的公司数字化转型发展图景突然清晰起来。此书是所有未来转型企业的管理者们的必读之书。

袁信成　TCL 集团股份有限公司原首席运营官

当基本常识成为企业发展的稀有之物时，这本书再现了什么才是

增长的基本常识。

（美）大卫·爱德曼　前麦肯锡数字部门全球联合领导人

该书清晰、务实地让读者理解在数字化背景下企业到底需要采取什么举措来驱动增长。

（韩）申明澈　MCM（奢侈品品牌）集团行政发展负责人，
KingsBay 资本联合创始人

与好友王赛博士关于“企业增长五线”的交流，是我最受益的咨询课堂之一。

蒋青云　复旦大学教授、营销系主任

王赛先生用“增长五线”将德鲁克关于企业两大基本职能“营销”和“创新”的结合状态刻画出来，在我看来，也可以理解为企业的“营创五态”。

谢少毅　IBM（国际商业机器公司）全球信息科技服务部大中华区总经理

王赛博士的“增长五线”再次凸显在数字化时代下，中国的咨询顾问开始成为商业原创思想的核心群体。这本书是企业管理者的必读作品！

（美）艾拉·考夫曼　Entwine Digital 公司总裁，凯洛格商学院数字营销课程教授

从以客户为中心的增长，到以价值为中心的增长，王赛博士的“增长五线”把战略、营销以及公司业务管理有效地融合在一起。

柯洲　笔记侠创始人兼 CEO（首席执行官）

大至国家、小至个人，都在计算自己的增长空间，增长需求无处不在。作为国内首屈一指的营销战略思想者和实践者，王赛博士的增长五线可以帮助企业在不同阶段制定出更有效且实用的增长战略。

吴霁虹　人工智能商业化实验室联合创始人

此书为创新者和传统企业描绘出一条坚实的落地路径和一幅可视化的增长蓝图。

任建标　上海交通大学安泰经济与管理学院 EMBA 主任

“增长五线”是一个强有力的思维工具！对创业型企业家而言，从起点构建底线，从增长迈向爆发，此书给出了具体的思维方式与可实践的路径！

目　录

序一

市场增长的魅力

[印尼] 何麻温 · 卡塔加雅
MarkPlus 营销咨询公司创始人兼首席执行官

我是营销之父菲利普 · 科特勒《营销革命 4.0：从传统到数字》一书的合著者，在全球范围内与科特勒合著超过八部著作，而王赛博士正好是《营销革命 4.0：从传统到数字》的简体中文版译者。出于对营销的共同信仰，以及对科特勒的尊崇，我们得以合作，并渐渐相知。

我们都更愿意把菲利普 · 科特勒的营销，看成一种市场导向型战略，而这种战略的核心就是市场增长。我与科特勒把营销分为 1.0、2.0、3.0、4.0。简单来说，营销 1.0 就是以产品为中心的营销，目的是解决企业如何实现更好的“交易”；营销 2.0 是以消费者为导向的营销，目的是以品牌为核心去塑造增长；营销 3.0 是以价值观驱动的营销，目的是用共享价值驱动增长；而营销 4.0 以大数据、社群、价值观营销为基础，目的是挖掘客户终身价值，以带动企业可持续性业务的增长。

而王赛博士在营销之外又开辟了一条市场增长战略的路径。在该书中，他把增长归纳为“增长五线”，即撤退线、成长底线、增长线、爆发线以及天际线。市场营销的魅力，在于让企业具有实现价值的可能，而增长的魅力，在于让 CEO 看到价值实现的区间。这个区间由企业的愿景、战略意图、营销手段、客户价值的计算以及公司战略的设计等路径来实现，所有这些路径，都被王赛博士融合进一个称为“增长五线”的新领地之中。我佩服他的野心，也欣赏他的专业功底。

在这个全球经济进入混沌时空的背景下，看清企业如何增长已经是所有 CEO 和高层管理者的必备议事日程，这本书的出版有恰逢其时的重要意义。这本书本身具有理论原创的魅力，也结合了全球其他地区和亚洲尤其是中国市场的新一代新兴领军企业的增长实践，有深度、有广度，也有鲜度。我很高兴看到王赛博士的这本书，更高兴看到新一代咨询顾问在中国的成长，这就是市场增长的魅力，无论是理论，还是实践。

再次祝贺王赛博士新书的出版。

序二

天际增长的机遇

陈朝益
英特尔前中国区创始总经理

王赛博士与我是忘年交，我们有十年的交情。十多年前，我卸任英特尔中国区创始总经理后，帮助过很多新一代年轻人的成长，而王赛博士是我当时的辅导对象之一。我长期旅居美国圣迭戈，十年过去了，王赛博士成了今天数字化时代中国最好的市场增长顾问之一，而我则见证了新一代咨询顾问在中国的成长。

最近，我收到王赛博士的新作《增长五线：数字化时代的企业增长地图》。这本书令我震撼。他的另一本书《数字时代的营销战略》，提出营销要从传统 4Ps[①] 转型到

① 4Ps 营销理论是 Product（产品）、Price（价格）、Place（渠道）、Promotion（促销）四个基本策略的组合。——编者注

数字 4Rs[①]。而在这本书中他显然是要挑战经典战略理论，把战略指向了增长。他提出的“增长五线”似乎试图挑战迈克尔·波特的“竞争五力”，但我认为，无论孰高孰低，他的勇气总是可嘉的。

在圣迭戈的阳光下，我一口气读完这本书，最先想到的一句话则是“天际增长的机遇”。对于书中提到的“天际线”，这是我与它的第二次邂逅。20 世纪 90 年代初，时任英特尔中国区创始总经理的我，感受到中国计算机行业的机遇，即我们能开发出多少中文的应用软件，培育多少使用者，这个市场的增长就会有多高，且没有天际。那时，我在中国看到高楼大厦平地而起，心中豪情万丈，用激情和使命让英特尔以及 IT（信息技术）行业在中国扎了根。20 多年后，万物生长，直冲天际，时势造英雄，英雄顺时势，万类霜天竞自由。今天，由于移动互联网、大数据、人工智能等新科技的发展，我知道我们又要和“天际增长”相遇了！

正如王赛博士在书中所言，企业经营者不只要懂得

---

① 4Rs 是在数字化时代，营销战略的操盘工具，即 Recognize（消费者的数字画像与识别）、Reach（数字化信息覆盖与到达）、Relationship（建立持续关系的基础）、Return（实现交易回报）。——编者注

做加法，更需要懂得做减法，“撤退线”的设计是企业经营者的年度大事，它可以帮助企业识别哪些产品或服务可以被取代整合，哪些可以被放下或舍弃；“成长底线”是企业不败的底线，是企业经营的“护城河”；“增长线”则是目前许多一流经营者的专长，但他们未必能够做出王赛博士书中提到的“增长地图”。当然，增长是“资源优化，商业模式和策略的更新，强化经营绩效”，只要用心就可以看见成果，但是它还无法保证企业的成功和基业长青。大润发创始人离职时说：“我战胜了所有对手，却输给了时代。”这与诺基亚被微软收购时，其 CEO 所说的“我们并没有做错什么，但不知为什么，我们失败了”如出一辙，这两句话深深地烙印在我心头。在过去的这段历史中，我们应该学习什么呢？王赛博士这本书给出了答案，即“爆发线”和“天际线”，但这也是挑战。

“爆发”来自外部的机遇，更靠自身的努力和实力。它来自“创新”了的“营销”使产品成为“潮品”，苹果公司的 iPod（苹果音乐播放器）、iPhone（苹果手机）就是成功的案例。国内也有许多成功的案例，这都是在本业内的经营。一流的企业靠“使命驱动”，二流的企业靠“愿景驱动”，三流的企业靠“目标激励驱动”，四流的企业才靠“薪酬驱动”。因此，企业若想实现“天际增长”，需要有“使命驱动”型的领导和团队。愿景会改变，激励和薪酬会无感，唯有“使命”或是“意义”会让人热血沸腾，忘时忘我忘回报。以下这些企业的使命宣言曾让我感动——“让天下没有难做的生意”（阿里巴巴），“让教育生动起来，让生命绽放”（思珂特教育集团）。这些机会的实现需要以之为信念并付诸实践的人，我称他们为“自燃人”，自愿、主动、积极地投入，并且无怨无悔。企业拥有这股力量和智慧，只要再有好的管理团队，梦想就会成真。

王赛博士的新书来得非常及时，它将引导我们在稳住“增长线”的同时，快速走进“爆发线”“天际线”的领域。昨日的优势挡不住明日的趋势，这是数字化变革的新时代，每一代人都需要有新的革命，在这个关键转折点上，我们不能错过。

前言

增长五线：重新定义增长

王赛

CEO 的市场增长顾问

“增长”一词从没有像今天这样成为中国乃至全球企业家关注的焦点。2018 年 10 月 8 日，这一年度的诺贝尔经济学奖尘埃落定，最终由美国著名经济学家威廉·诺德豪斯和保罗·罗默共同分享了这一奖项。巴曙松教授称，如果说此届两位诺奖得主背后有统一的主题，那应是“增长”。也是在 2018 年，腾讯用大数据技术抓取了中国企业界最热的词语，不出所料，亦为“增长”。当然，宏观经济的增长结构与企业的微观性增长动力有很大区别，但是，“增长”一词浮出水面，凸显了其对经济界与企业界毋庸置疑的现实意义。今天我们看到的热门管理学词汇，比如数字化转型、企业人工智能化、颠覆式创新、大爆炸发展等，与其说是问题导向的举措，不如说是一种新态势下的升级手段。而正如工具理性总是要让渡于价值理性，手段也必须指向目的才具备意思与意义，“增长”，则成了上述一切举措的根本目的和决策底牌。

既然有如此多的人在谈论增长，那我们就要先弄明白究竟什么是“增长”。模糊的语言只能反映模糊的大脑，杜绝模糊的最好方式则是从问题出发。战略大师理查德·鲁梅尔特在《好战略，坏战略》中说，也许没有企业家会否认自己拥有战略，但是他们的战略未必是好的战略。在今天这个满大街谈“增长”的时代，什么是真正的增长，什么是好的增长，什么是企业家们需要的增长，对这些问题的回答变得急迫，答案也显得弥足珍贵。可以说，尽管今天市场上充斥着大量的增长理论，但它们中的大多数讨论的都不是企业家层面需要的增长，难解燃眉之急。

菲利普·科特勒曾对我说，每一代人都需要新的“革命”。这也是他从研究新古典经济学转到开创现代营销学的动因。而在我看来，今天的战略、营销亦需要再次革命，战略规划在这个充满不确定性的时代几乎沦为“战略鬼话”，营销在实践中亦沦为流量拓客与媒体传播，这背后很重要的原因在于两者远离了企业家们的终极需求。但是战略与营销集合形成的市场增长战略似乎可以解决这个尴尬，即用市场增长的大脑让战略“拆得开，落得下”，让营销“上得去，拉得开”。于是我意识到，在经典的竞争战略理论与传统的市场营销体系之间，似乎可以构建出叫作“市场增长学”的新框架。

在本书中，我试图给出增长理论的整体框架。我首先在书中提出了一个增长公式，它可以表述为：

企业增长区＝宏观经济增长红利＋产业增长红利＋模式增长红利＋运营增长红利

根据这个公式，我们会发现，不同的企业构建增长的区间存在差异。我们可以用这个增长公式去回答“什么叫真正的增长”，即你的企业增长是依托于宏观经济、中观模式抑或是微观运营。

而更重要的是回答“什么是好的增长”。我把企业增长的态势构建出五根线，称其为“增长五线”，分别是：撤退线、成长底线、增长线、爆发线和天际线。如果一家企业或者企业的某一项业务处于不同线上，增长的方式就会完全不一样，“好的增长”应该告诉企业的决策层，在线上如何布局与进退。

第一根线叫作“撤退线”，也叫收缩线，讲的是企业如何做有价值的撤退。我把它定义为“企业或业务在增长路径上找到最好的出售、去除、转进的价值点，进行撤退”。撤退的方式有很多，比如今天我们看到摩拜撤退委身于美团，饿了么撤退卖给阿里巴巴等。如果企业不提前考虑撤退线，那么在业务势能衰退时，企业或业务价值也许会错过最佳兑现时间。

第二根线叫作“成长底线”，它堪称“企业或者业务发展的生命线”，也称“增长基石”。这条线可以保住你的企业或业务的生命，为你向其他领域扩张提供基础的养分。在有底线巩固的情境中增加扩张路径是很多企业良性增长的基础。在本书中，我给出了构建成长底线的三条核心策略，分别是控制战略咽喉、构建业务护城河和建立客户资产。

第三根线叫作“增长线”，我把它定义为“企业从现有资源和能力出发所能找到业务增长点的一切总和”，比如可以找到哪些利润区间，利润区间怎么扩张，是扩展新产品，还是扩展新客户，甚至是扩展新区域……这些增长线要穷尽所有增长可能，形成我所提出的“增长地图”。在本书中我以真实的案例切入，去阐释如何设计增长地图。

第四根线叫作“爆发线”，指的是增长路径中可以让你的业务在短期内呈现指数级增长的线。如果说增长线的设计是线性的，那爆发线要的就是指数级的增长。在本书中，我会把爆发线背后的基因如数字化、社交因子以及风口资本等一一呈现给读者。

第五根线叫作“天际线”，天际线决定了企业价值的天花板在哪儿，实际上也决定了企业能走多远。它反映出企业估值或者企业价值的上限。如果说企业的发展阶段有从 0 到 1、有从 1 到 n、有从 n 到 n 的指数，那么天际线就是从 n 的指数到无穷，而这背后的底牌，就是企业对业务本质是如何定义的，能否打破企业的边界，是否可以不断释放增长期权。

当然，“增长五线”中的这五根线并不一定是层层递进的关系，它们之间是可以切换的，可动态调整的，这才是今天用“增长五线”去看待竞争战略的关键意义。所以在本书的最后一章，我专门讨论了增长五线相互切换的规律。

本书的形成得益于与以下全球顶级管理研究者或顶

级顾问的交流及他们对我的期许：现代营销学之父菲利普·科特勒教授、伦敦商学院尼尔玛利亚·库马尔教授、《营销4.0：从传统到数字》合著者何麻温·卡塔加雅、清华大学朱武祥教授、复旦大学蒋青云教授、上海交通大学任建标教授、巴黎大学巴纳德·费尔南德斯教授等。同时我要感谢优秀的咨询同事李阜东、吴俊杰以及清华大学商业模式研究中心的同学们的支持。我还要感谢本书的顶级策划团队王留全先生、余燕龙先生以及李静媛女士，他们的不断鞭策与信任，支持我不断前行。

我始终认为自己扮演的是一个CEO的咨询顾问的角色，咨询是个将理论与实践贯穿其中的工作，而“问题导向”是我和传统研究者最大的不同。12年来，我担任过60多家大型企业市场战略咨询顾问，三年前我开始把视野和兴趣转移到创新创业型企业。我曾用增长五线为价值千亿级的企业设计增长路径，也在腾讯AI（人工智能）平台将其与诸多创新创业者分享，得到了非常积极的实践反馈。本书以一个全新的企业家视角，把战略的宏观视野与营销的微观洞察进行融合，试图为企业构建一套基于市场的增长体系。

革新必有不足之处，但这是一个咨询顾问的使命与野心。

第一章

数字时代
重新定义增长

增长就像纯净的氧气。它可以造就一个充满活力的公司，在这里人们可以发现真正的机会。他们能够抓住机遇，更加苦干、巧干。从这一点来看，增长不仅仅是一个最重要的财务推动力，而且是公司文化不可或缺的一部分。增长是解决一切企业问题的入口。

——强生公司前执行总裁
拉尔夫·S. 拉森

增长是所有企业问题的原点

一切问题，都是增长的问题

长期以来，我担任过 60 多个领袖企业与创新创业型企业的咨询顾问，在企业一线，与在中国经济“水大鱼大”时代浪潮下的企业 CEO 和创始人互动交流。我发现，这些企业家的思维模式与宏微观经济中所谓的纯粹研究型学者的思维模式不同，我将后者称为“趋势导向”或者“格局导向”的思维模式。比如，最有名的趋势专家、《大趋势》（*Mega Trends*）的作者约翰·奈斯比特，他看待事情就是典型的格局导向，擅长用碎片化的信息拼出未来世界 20 年后的云图：未来会怎样变化，世界会如何纵深发展，不确定时代应该拥有哪些“定见”；再比如，经济学家去企业一线做调研，总喜欢用一种范式（比如中国模式或中国式管理），试图去解释中国过去40年的经济奇迹及中国企业大批进入世界500强的战略逻辑。这些视角的确不错，但企业家的思维模式却是不一样的。作为CEO顾问，我既在一线作为德鲁克所说的“旁观者”，又常扮演“梅长苏式”的战略决策辅助人的角色，因此，我看到的企业家几乎全是问题导向型的，即企业会碰到什么问题，如何“救火”以及如何从根源上“手起刀落”般地解决问题。基于问题，而不是基于理论出手，是CEO顾问和纯粹经济管理研究者的最大区别。

十几年前，我开始为中国顶级企业家这个群体服务。原本我非常介意别人对咨询服务内容的定义，比如是做出战略规划，还是制定竞争战略；是市场营销战略，抑或是品牌战略。如今，我不再看重这些表面的概念，而是回归到要解决的本质问题。在企业家面前，需要解决的所有问题，都可以回归到最核心的两个字“增长”。企业家为什么要做规划？是因为要增长；企业家为什么要做品牌？是因为要增长；企业家为什么要做组织重组？是因为要增长；企业家为什么要进行数字化转型？也是因为要增长！

把这个本质问题看清楚后，我们就可以破除很多“概念控”——具有“概念控”的人，就是执着于某个概念而忘记了目的何在的人！

有一年，华为的高层管理者邀请我去华为坂田总部基地，研讨华为市场战略的数字化转型问题。开场后，华为的市场部管理者问我：“给企业做数字化市场战略转型应该用哪种操作模型（我以前提出营销应从传统的 4Ps 向数字化 4Rs 转型）？”我反问他：“你想用数字化解决什么问题，尤其是解决华为什么样的痛点问题？如果你的业务在 B2B（企业对企业）的领域，企业真正的小数据是否已经得到充分、有效的挖掘？用数字化是为了解决痛点问题，还是仅仅把你以前那些‘武器’做升级？”这些问题的集合，都要指向“增长”，否则华为会像今天很多企业一样，虽然拥有数字化及构建大数据的能力，并且迫不及待地发展人工智能，但最后无非只是多出一堆数据而已。

所以，不落实到增长本质的战略规划，只不过是“自说自话”；不落实到提升竞争优势的竞争战略，都是“劣的竞争战略”；不辅助市场增长的营销战略，进入不了董事会和高管的议事话题；不指向增长的品牌设计，都是视觉、文案以及广告公关层面的战术——脱离增长，一切都无从谈起。

巴菲特有一个双目标清单系统（Two-List System）思维，大意是应该像躲避瘟疫一样躲避不重要的目标，把时间和注意力集中在最重要的事项上。企业应运用巴菲特这个“做减法”的思维，把企业战略、营销和运营的动作减到极致，“增长”自然就浮出水面，它是企业高层决策和日常运营的最重要的核心。

世界大型企业联合会[①]（Conference Board）做过一次调研，请全球一些大企业的 CEO 排列在他们眼中商业要素的优先级顺序，结果发现，这些 CEO 最关心的话题也是企业增长。宝洁前 CEO 麦睿博（Robert A.McDonald）强调：“对企业来讲，增长是第一要务。”强生公司前执行总裁拉尔夫·拉森（Ralph Larsen）说得更加直接：“增长就像纯净的氧气。它可以造就一个充满活力的公司，在这里人们可以发现真正的机会。他们能够抓住机遇，更加苦干、巧干。从这一点来看，增长不仅仅是一个最重要的财务推动力，而且是公司文化不可或缺的一部分。增长是一

① 世界大型企业联合会是世界顶级经济研究机构和企业会员制组织，是目前世界上负责提供有关经济管理信息的非官方权威机构，每年 6 月和 11 月发布两次全球经济年度报告，总部位于纽约。——编者注

切企业问题解决的入口。”

今天之所以反复提到增长这个核心问题，与低迷的经济有关。除中国外的其他三个金砖国家（巴西、俄罗斯和印度）的经济增长率已经从 8% 下降到 5%，而具体到中国，增长速度也已经落到了 7% 以下，中国政府把这种经济特征称为“新常态”。所谓新常态，首先是“新”，也就是这种外部经济增长的局面，在过去 30 年的中国和世界没有发生过。然后是“常态”，说明这种情况会长期存在，而不是短暂性的。今天，哪怕是最著名的商业领袖，其议事日程第一页标注的也是增长。而多年前，他们的议事本的主题是规划、组织、管控、流程、成本控制、企业再造和重组。今天，当外部环境增速降下来时，他们的注意力从外部的“经济增长红利”转到了企业内部的“企业增长能力”，所有的规划、组织、管控、流程、成本控制、企业再造和重组，都必须以“增长”为源动力。

2017 年 11 月，我受一位中国著名企业家的邀请，作为智囊参与了其公司制订 2018 年度经营计划的会议。会议前，我问这位企业家：“您的企业作为中国最大的 B2B 企业之一，如何制定增长目标？”他愣了一下，刚准备回答，我让他停下，先来说了我的判断：“您本年度的增长目标是不是上个年度的销售额或者利润额，乘以一个增长系数，这样计算出来的呢？比如，2017 年销售额是 500 亿元，2018 年预计增长 30%，于是 2018 年销售额就定为 650 亿元？”对方会心一笑。我说：“这样制定增长目标的方式是有问题的，它没有基于一套系统的增长逻辑，也没有一套量化的设计公式。”

在这次高层的封闭式会议中，这位企业家问我：“如何在今天数字化颠覆的背景下，设计组织框架，梳理企业的管控模式？比如应该怎么调整组织架构，哪些地方应该授权，哪些岗位应该集中，企业应该如何重组？”我用《爱丽丝梦游仙境》中那句脍炙人口的话回答他：“当你没想清楚目的地时，走哪条路都对，也都错。”企业的管理，要统一于经营目标才具备意思与意义。管理指向的是效率，经营指向的是效果。而今天这位企业家之所以有疑惑，是因为其对企业的增长路径不清楚。如果增长路径在于集中力量打出大的“战役”，他应该参照的对象是华为、通用电气（GE），组织管理要有集中度、坚守“力出一孔”的压强原则；如果其增长路径更多在于创新，他的企业则应该研究小米，去学习如何激发每个组织单元的企业家精神，并有效赋能于组织生长。不弄清楚增长模式，何谈管控？何谈组织？又何谈流程重组？正如武侯祠里评价诸葛孔明的那副对联的下联，“不审势即宽严皆误，后来治蜀要深思”。企业家的所谓“审势”，就是审视自己的企业如何增长。增长才是企业最重要的目的与举措！

《万历十五年》的作者、历史学家黄仁宇先生对西方资本主义社会进行了深入研究，黄先生认为：西方在进入资本主义体制后，社会基层能够做到各种要素自由而公平地交流，社会基层自治组成一个中层机构与高层联系的体制。这种体制能够保证地方的真实情况有效汇集到中央，中央下达的政策也能够符合地方实际，其各种统计数据也就不存在问题了。中央政府的宏观管理也就有确切可靠的数据为依据。他把这种管理称为“数目字管理”，而“数目字管理”是西方经济得以高速增长的重要原因。

“数目字管理”是黄仁宇先生给中国经济开的药方。接触过中外无数顶级企业之后，我想在黄先生这张药方上，再开出另一张药方，叫作“逻辑性经营”，正好对应黄仁宇先生的“数目字管理”。“逻辑性经营”考虑的是如何将经营进行有效分解，如何把企业家的意志、洞见、梦想、判断，变成生产函数与增长向量，把顶层设计变成实施蓝图，让增长变成一张动态、有张力的地图，使上下同欲者胜。而现在流行的管理学，玄学性远远多于科学性，增长战略多陷入“上不去、拆不开、落不下”的困境。

这也是当前战略规划存在的问题。企业家设计了激动人心的愿景，但是愿景与现实之间的桥梁如何去搭建，却成了问题。好的战略，应该是“上得去、拆得开、落得下”。本书所研讨的增长，就是要解决企业家的这些问题。

营销的转折点：以 CGO 回归增长

看到这些问题的还包括一大批西方公司。2017 年 3 月 23 日，可口可乐宣布在马科斯·德·昆特（Marcos de Quinto）退休后，将不再设立全球营销官（Global Chief Marketing Officer），而以新的岗位“首席增长官”（Chief Growth Officer，CGO）来替代，首席增长官向 CEO 直接汇报，这个岗位把客户洞察、战略以及市场领导等多项职能合而为一。首席增长官这一职位的出现，具有里程碑式的意义，这是因为率先做出这一改变的主角可口可乐，是一家以品牌营销见长，乃至将营销作为核心经营能力的公司。

外行看热闹，内行看门道。可口可乐这次岗位变动的背后所带来的系统变化，也许会为企业对“增长”的理解带来更多感悟。可口可乐的管理层认为，过去的营销没有承担起市场增长战略的角色，未来可口可乐的营销应从品牌导向走向增长导向。

弗朗西斯科·克雷斯波（Francisco Crespo）开始担任可口可乐第一个首席增长官，负责统筹战略、营销和数据洞察，同时原全球研发负责人罗伯特·朗（Robert Long）被调整为首席创新官（Chief Innovation Officer），首席信息官（Chief Information Officer，CIO）巴里·辛普森（Barry Simpson）也只需要直接向CEO汇报。市场增长、创新增长、数字化转型都被放到CEO议事日程的第一页。增长，成了战略中的战略，营销也在向市场增长战略转型。

现在回到德鲁克的思想。德鲁克曾说：“企业有且只有两个基本职能，即营销与创新。”但这个“营销”，是真正驱动公司增长的营销，是以市场来组织企业内部资源的营销。首席增长官的设置，并非新瓶装旧酒，而是把“市场增长”这一组织系统要指向的根本目标显性化，将客户管理、市场洞察和战略开始融为一体，由首席增长官统一管理。可口可乐的这一举动得到了欧美公司的积极响应：

从领英网的职位发布上可以看到，一年之内有 10 000 多家公司开始设置首席增长官这一岗位。

菲利普·科特勒早期在麻省理工学院攻读经济学，导师是诺贝尔经济学奖得主萨缪尔森。而菲利普·科特勒博士毕业后，却将研究转向了营销，他常常对我说："营销要起到为经济学理念落地的铺路作用，通过营销来刺激经济的增长。"无论对于国家或政府，还是对于大型企业、创新型企业，只有把营销上升到增长的维度，营销才具备其本身应该具有的战略意义。

发出这种声音的，不仅是企业，也不仅仅是菲利普·科特勒。2014 年我在东京遇到菲利普·科特勒最得意的学生之一尼尔玛利亚·库马尔，他曾在哈佛商学院、伦敦商学院以及西北大学凯洛格商学院担任营销学教授，之后进入咨询行业，并担任印度最大的企业塔塔集团旗下公司的行政总裁。他对我说，当今营销的窘境，就在于绝大多数公司中的营销部门在 CEO 的圆桌会议上都没有突出的席位。而大量的营销学教授，则将注意力集中于狭窄的战术方面，比如如何定价、如何促销、如何传播。但 CEO 们目前面临的问题是，如何以市场竞争为中心来获得战略性的增长。

市场的变化快于市场营销的调整。今天营销界所面临的问题，是营销和增长的脱节，正如库马尔对我所言“必须把营销从一种职能变成一种增长变革的引擎”。今天，许多公司的 CEO 对营销感到失望，因为它不能带来显著效益。营销部门越来越被看作“费用中心”，而不是“投资中心”，更远远谈不上是“增长中心”。尽管企业极力在宣传它们要“以客户为中心”，但是营销的影响力事实上正在让位于公司的其他职能部门。

菲利普·科特勒也看到了这种现象，他说：“营销首先是一种基于客户价值的增长哲学，其次才是职能。”但是问题的现状是，大多数企业都是按照职能在构建组织，所以饿了么在被阿里巴巴收购后，把品牌营销部重组进企业运营中心。而我到华为去，华为高管的第一句话是：“我们华为的营销不是市场上其他公司指的那个‘营销’。”我听了很欣慰，当场开玩笑般地回应道：“我知道你们所言的‘营销’是哪个营销！”华为的营销是以客户价值为基础的“营销”，是以市场竞争为基础的“营销”，是以驱动增长为核心的“营销”，而不是市场上那些以广告、公关和流量操盘为核心的营销！如王阳明所言：“知者行之始。行者知之成。”华为对营销不一样的理解，不一样的实施方式，使其成为中国改革开放40年来最成功的市场化企业之一，2017年的收入达到6 036亿元，也是中国市场化企业中标杆里的标杆。

《经济学人》杂志曾对世界500强企业CEO的背景做了一个调研，结果是这些企业的CEO中有46%是从财务部门晋升上来的，CFO（首席财务官）从20年前开始，一直是CEO后备军的第一选择。可是问题在于，企业不是说增长的核心动力是来自客户吗，到底是财务人员离客户更近，还是市场人员离客户更近？有营销背景的人员成为CEO的比例逐年降低，甚至在一些以营销为增长咽喉的快消品公司，近些年也凸显出这样的趋势。

那么，营销高管为什么会失去影响力？营销人员如何才能重拾CEO的想象力？营销如何才能恢复“市场竞争”的核心？库马尔说，具有讽刺意味的是，尽管营销作为职能一再地衰退，营销的必要性却越来越大，而这种必要性，就是回归到增长。

好战略vs坏战略：背后的金线即增长

出问题的又何止是市场营销，接下来我们看战略。

2017 年，我做了一个调研，针对的是中国那些为战略咨询买过单的大型企业客户（这些客户很多也是我近 10 年服务的客户）。调研的问题包括：10 年前那些顶级咨询公司为企业设计的战略规划，到底落地了多少？有多少企业沿着过去规划的方向走到了今天？调研结果很不幸，这样的企业不到 5%。我相信如果把样本量扩大到中小型企业，这个比例会更低。比如我的咨询客户之一中纺集团，2001 年中国加入 WTO（世界贸易组织）后，中纺规划的重点是围绕纺织贸易构建整体产业链，可是谁能想到，10 年后中纺在纺织领域不断衰落，竟然成为中国四大油脂生产企业，2016 年 7 月又整体并入中粮。同样偏离当年规划的，还有华润、宝钢，而更多的是数不清的民营企业。

战略规划真的出现了问题。而出现问题的根源，在于世界环境本身出现了不确定、颠覆性的变化。所以我们会发现，10 年前我们经常使用的一些战略性的词语，比如“基业长青”，比如“核心竞争力”，这些热门词语在今天已经不常见到了。世界步入一个“黑天鹅湖”的时代——一湖水池里全是黑天鹅。各种不确定性交织在一起，构建起不确定的指数级变化，而企业那种号称一眼看到未来格局的五年规划，根本是刻舟求剑、天方夜谭。

理查德·鲁梅尔特教授每到一个企业，都会先问 CEO 和高管："你的公司有战略吗？" 90% 的 CEO 和高管会毫不犹豫地回答："有！我们公司怎么可能没有战略呢？"这时理查德·鲁梅尔特会拍着桌子发问："那贵公司的战略是好战略，还是坏战略呢？" CEO 和高管们顿时鸦雀无声，开始冒冷汗：是啊，那个文件，那个口号，那个标语，是好战略吗？甚至是战略吗？基于此，理查德·鲁梅尔特抛出了《好战略，坏战略》这本书，其观点如小李飞刀，刀刀见血！

我对什么是好战略，什么是坏战略，有自己的判断标准，但如果把这些标准浓缩成一个，那还是"增长"。现在的企业大致可以分为两类：一类是成熟的大型企业，另一类是创新创业型企业。对于大型企业来说，它们今天面临的核心问题有两个：一是面对新经济，应该如何找到新的机会增长点，如何找到自己的"第二曲线"；二是这类企业的业务一扩张就会出现成本线迅速超过收益线的情况，难免使企业陷入规模经济效应递减的状态之中。而对于创新创业型企业而言，其核心问题也有两个：一是如何获得指数级发展，通过弯道超车或者换道超车，让自己脱颖而出；二是如何在增长中盈利，构建自己的利润区。

“第二曲线”（The Second Curve）的概念，是由英国管理学家查尔斯·汉迪提出来的。汉迪是伦敦商学院的创始人之一，他非常谦虚，认为自己是个没有特殊专长的社会哲学家，而“第二曲线”，是他在一次路途中有所感悟而得。有一次汉迪向一个路人问路，这个路人告诉他，往前走就会看到一个叫大卫的酒吧，离酒吧半里路之处有个路口，往右拐，就是他的目的地。但是，在指路人离开之后，汉迪恍然大悟，刚才的答案已经没有用处了。因为他早已经错过那个路口了。

这个拐点，就是所谓的“成功的悖论”和“曲线逻辑”，即你原来的成功经验、将你带到目的地的方法，并不能将你带向未来。如果在新的阶段沿用过去成功的逻辑，你只能走向平庸。成功变成了卓越的天敌，曲线的逻辑在新周期下已经发生了变化。

这就是著名的“第一曲线”和“第二曲线”。企业的增长就如曲线，沿用旧有的逻辑只会在抛物线的顶点下落，而卓越企业持续增长的奥秘，就在于在第一曲线消亡之前，构建出第二曲线，找到新的增长点，带领企业再次向高峰攀越。

我在给海尔集团做战略顾问时，认为构建“第二曲线”是海尔在数字经济时代最重要的战略议题。海尔作为中国经济改革史上最具成就的大型企业之一，如今在其公司内部提及最多的就是如何构建“第二曲线”。张瑞敏先生在内部说：离开“跑步机”，融入互联网。所谓跑步机，就是指在原有的模式上跑，比如提高产量，给经销商压货，库存一旦增大便降价等，这些动作就好像是在跑步机上跑了一万米，但停下来还是在原地，其实没有前进一米。以张瑞敏先生为首的海尔高层团队，在这几年不断提出海尔新的管理模式，包括倒金字塔、人单合一模式、互联网转型、生态型品牌以及基于生态型战略所涉及的“三张新报表”——损益表、顾客终身价值表、生态增益表。这些理念甚至是落地性的工具，都是在尝试找到海尔原有增长维度之外的“第二曲线”。

为增长头疼的何止是大型企业，创新型企业同样在为增长而苦恼。2018 年我担任“腾讯 AI 加速器”毕业典礼的辅导嘉宾，为处于新经济时代风口浪尖的创业者们授课，并提供咨询服务。创新型企业的创业者们的问题非常集中：第一，如何找到迅速做大的“风口”；第二，如何把流量增长、用户增长转化成利润增长。

创新创业型企业面临的典型问题在于“前有巨头，后有追兵”，正如雷军所言，企业只有做到专注、极致、口碑、快，才能生存与增长。这类公司，若能找到指数级的增长模式，跑赢传统公司，并让这种增长指向盈利，才是关键所在。美国有一家叫作 Mattermark 的专门预测创业公司未来发展的大数据公司，从 AngelList（全球有名的融资平台）、领英、CrunchBase（美国一家企业服务数据库公司）等网站拿到数据，以自己的模型来进行创业公司的增长预测。在与创业公司和创业者进行多年的合作后，Mattermark 的创始人丹尼尔·莫妮尔认为，我们当前看到的所谓“独角兽”公司实际上是一群外表光鲜，实则无法抵达利润区的“僵尸”，本质上可以称为“僵尸独角兽”。我们也看到现在硅谷一直在提“独角兽之殇”，其兴也勃，其亡也忽，如何形成有质量的增长，而不是“估值虚高”，是创新创业型公司遇到的核心问题。

当今战略规划最大的问题在于过于宏观。二十年前中国有公司甚至做出 10 年规划、20 年规划，在今天来看，这些规划只能算是“自说自话”，是一种不切实际的幻觉。即使在战略领域，专家开始进入“动态战略”的规划，但是仍离增长甚远。CEO 的议事本上，第一项应该不是竞争，而是增长。

问题是药方最好的催化剂。无论是好战略，还是坏战略，都要指向增长模式，否则这种战略，就成了宏观规划，难以落地。在这个巨变的时代，“战略”和“营销”都遭到了新的挑战，所以“增长”浮出水面。这里的“增长”，必须融合战略的宏观性和营销的微观性，融合产业的布局与价值的创造，融合竞争博弈与顾客价值管理，甚至要融合企业增长的内部基因重构。

原有的企业增长思维

本书的核心是谈企业如何增长，那我们就把目光聚焦到这个问题上。如何去定义增长？在传统意义上，有哪些重要的增长思维？有哪些增长理论占领过 CEO 和高管们的思维？在这里我们做一个系统的梳理。

增长阶梯：三层面理论

麦肯锡的三位资深顾问梅尔达德·巴格海（Mehrdad Baghai）、斯蒂芬·科利（Stephen Coley）与戴维·怀特

（David White），在对世界上四十个不同行业的增长型企业进行深入研究后，在《增长炼金术——企业启动和持续增长之秘诀》一书中提出关于增长的三层面理论。

三层面理论指出增长有三个层面：第一层面是确保并拓展核心业务的运作，第二层面是建立即将涌现增长动力的业务，第三层面是创造有生命力的未来业务。企业要想实现增长就必须同时管好增长的三层面。通俗来讲，就是要有现金流业务、增长型业务和种子型业务（见图 1–1）。对于企业而言，要实现持续增长，就要平衡现在和未来之间的关系，管理好现金流，对未来业务进行投入并对不确定性的种子型业务进行尝试。

中国有句古话："不谋全局者，不足谋一域。"三层面理论就是要求企业在时间周期上谋划全局。我们以脸书（Facebook）为例，十年前，脸书还只是 2 400 万美国年轻人的脸书，而今天，脸书是一个属于近 16 亿用户的全球性的庞大社交平台。在 2016 年的脸书 F8 开发者大会上，扎克伯格发布了脸书未来 10 年的战略规划图。他强调，脸书的核心愿景依然是"努力通过技术，让用户可以与所有人分享一切"。

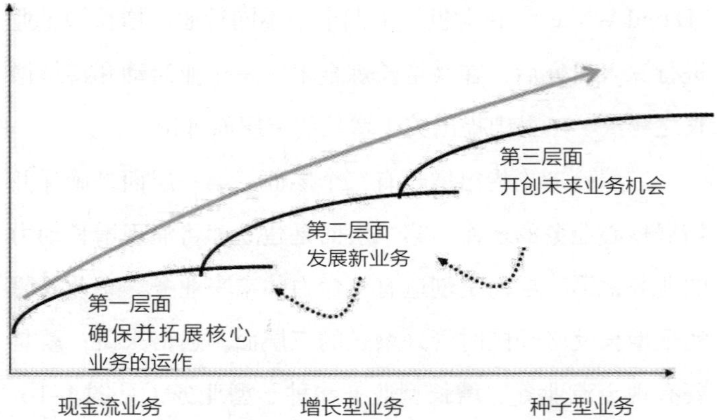

图 1–1　麦肯锡的增长三层面理论

扎克伯格的战略规划图正好对应三层面战略布局蓝图。在此次 F8 大会上，扎克伯格宣称未来三年脸书将主要专注于打造生态系统，未来五年的关注核心将围绕着视频、搜索、群组以及 WhatsApp（移动通信应用）、Messenger（脸书的即时聊天工具）和 Instagram（照片分享工具）等应用展开，而未来 10 年的战略要点则为人工智能、VR（虚拟现实）、AR（增强现实）以及无人机和全球互联网普及。生态系统、基于生态系统的产品以及未来的底层互联网技术，是脸书的增长阶梯（见图 1–2）。

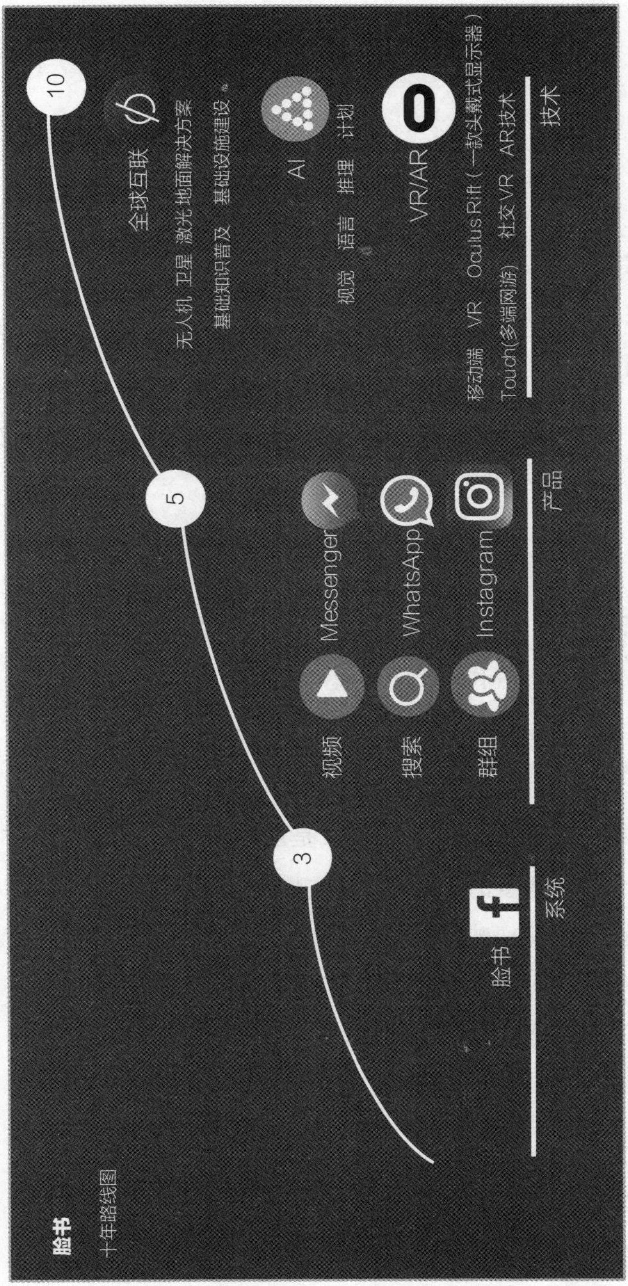
脸书
十年路线图
3
5
10
脸书
系统
视频
搜索
群组
Messenger
WhatsApp
Instagram
产品
全球互联
无人机 卫星 激光 地面解决方案
基础知识普及 基础设施建设
AI
视觉 语言 推理 计划
VR/AR
移动端 VR Oculus Rift（一款头戴式显示器）
Touch(多端网游) 社交VR AR技术
技术

图 1-2　脸书的增长阶梯

增长阶梯为什么重要？我们发现，很多企业不愿按照阶梯来发展，而是四处扩张，结果则是很容易陷入多元化困境，比如乐视和联想最为典型。我们很难讲清楚联想到底是做什么业务的，哪些业务“数一数二”。而乐视的困境，根本上就是一个多元化经营失控的老话题。

从核心扩张

从核心扩张的研究来自贝恩公司。贝恩公司在调查了25家在10年中连续保持着22%的年股东回报率的公司后，总结出持续性盈利增长的三大关键因素。

第一，这些公司都有强大的核心业务，依据核心业务来组织超越核心的增长设计。

第二，可重复的扩张模式是这些公司增长的重要因素，这种可重复的扩张模式使它们产生了高利润区，进而又使扩张的成功概率显著提升。

第三，这些公司的增长模式，有80%都是建立在对客户行为独特与深入的洞察上，因此可以重复应用到不同产品、市场与环境中去。这是一种“以客户为中心的扩张”。

贝恩公司的克里斯·祖克在调查中发现，这些高速、持续增长的公司至少拥有一项占据行业领导地位的核心业务。在此业务上的扩张基于三大标准：与核心的关联性、丰厚的利润池、获得成为核心盈利结构的潜力，这是这些公司持续高速增长背后的原因。

科尔尼增长矩阵

同样帮助CEO思考增长问题的还有科尔尼公司。科尔尼从1998年开始着手研究“创造价值的增长模式”，建立了一个数据库，涵盖29 000多家占世界市场资本总额98%的公司。在此基础上，科尔尼提出了“创造价值的增长模式”策略，并依据这个策略提出了“科尔尼增长矩阵”。

所谓“科尔尼增长矩阵”，是把公司置于一个增长矩阵中来评估公司增长的属性。X轴或者水平轴，代表了价值增长，而收益增长则反映在Y轴上。关于价值的计算，科尔尼用调整后的市值（Adjusted Market Capitalization，AMC）来计算，而市值是衡量公司增长最直接，也是最常用的方式。

借助增长矩阵，四类各具特色的公司浮现出来。

第一种，价值增长者。这些公司在收益增长和价值增长上远远超过同行，取得行业统治地位。

第二种，利润追逐者。这些公司的价值增长超过平均值，但在收益上落后于平均值。

第三种，简单增长者。这些公司强调收益，但价值变化不大。

第四种，表现不佳者。这些公司是增长的“蹩脚货”，在收益增长和价值增长上都表现不佳。

科尔尼增长矩阵如图 1–3 所示。

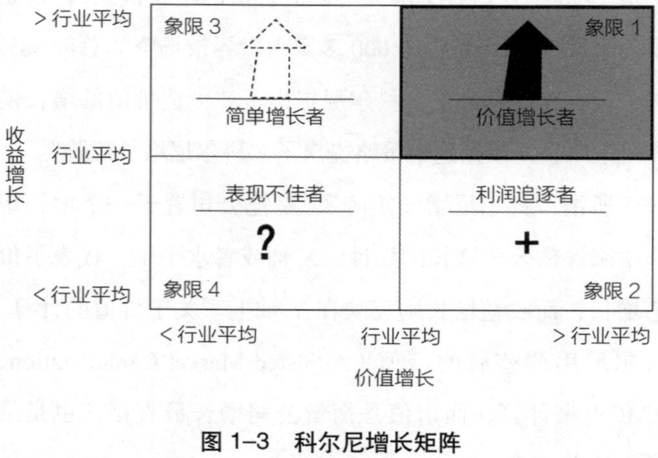

图 1–3　科尔尼增长矩阵

资料来源：詹姆斯 · 麦格拉斯、弗里茨 · 克勒格尔及迈克尔 · 特雷姆的《价值增长者》（纽约：麦格劳 – 希尔，2000 年）

企业增长股权

除了上述看待增长的维度，还可以从金融的思路来看增长。

企业估值中有一个词语叫作“增长期权”。所谓增长期权，是指某业务与其他有价值的业务之间构成了一个价值链，因此该业务的实施可能为企业今后的发展创造更加广阔的空间和机会。企业增长期权是从战略的高度对业务布局价值进行理解。按照公司价值增长的维度，企业家可以把业务分为看涨型业务、看跌型业务、平稳型业务，并把这些业务进行组合。我们以李嘉诚的和记黄埔为例，在和记黄埔集团中，由于受到经济周期的影响，有一些子公司盈利，也有一些子公司亏损，但是把集团公司所有业务的收益组合在一起，就可以看到一个正向朝上、收益超过15% 的增长曲线。

未来的企业需要增长地图

上面谈到的增长理念，都是从传统战略规划的维度去看增长，而从市场战略的维度来看增长则不一样。战略规划解决的更多是企业家要“做什么”的问题，而市场增长战略解决的是“如何做”的问题。也就是说，当企业的战略规划制定出来后，如何去实现增长的目标，这叫作市场增长战略。在战略的宏观叙事让渡于微观洞察后，基于市场的增长战略变成了企业增长的第一要务。在第一章的最后，我提出一个关于增长新理论的整体框架，它有两大核心：

核心思想一：增长公式；

核心思想二：增长五线。

核心思想一：增长公式

我先给出一个增长公式。

企业增长区 = 宏观经济增长红利 + 产业增长红利 + 模式增长红利 + 运营增长红利

对于企业家而言，这个公式试图回答的是增长到底有哪些重要的战略环节。比如地产公司，关注最多的是这个公式中的前两项，宏观经济和产业，所以这类行业的首席战略官多为宏观经济的研究者，比如恒大集团的任泽平；而不以资源为导向的互联网公司，关注更多的却是公式后面的两个要素：模式与运营。所以，不同的企业，驱动增长的核心要素并不相同。

第一个要素是宏观经济增长红利，它的确是难以忽视的增长要素。企业要增长，不如因势乘便，兵法中讲“势不可当”。有个关于企业增长的笑话引人深思。有三个人坐电梯到 10 楼：在电梯里，一个人在原地跑步，一个人在做俯卧撑，一个人用头撞墙，但是他们都到了 10 楼。有媒体采访他们：你们是如何到 10 楼的？一个说，我是跑上来的；另一个说，我是做俯卧撑上来的；最后一个说，我是用头撞墙上来的。笑话的批注是，这个电梯就是高速增长的中国经济，而那三个人，则是各种宣讲成功经验的企业家。过去 40 年中国很多企业的增长，确实是建立在宏观经济高速递增的红利之上的。

第二个要素是产业增长红利。产业增长红利要揭示一个问题：为什么在同样的经济周期中，不同的企业所获得的增长、所占有的利润区存在显著差异？换句话讲，企业所处的产业是在导入期、成长爆发期、成熟期还是衰退期？产业周期的不同决定了该行业内企业平均利润率的高低，也决定了该产业增长红利的多与寡，比如，从当前来看，家电行业和珠宝行业的利润率差距就很大。

第三个要素是模式增长红利。所谓“模式增长红利”，就是以同样的资源，如果可以进行模式的创新和重组，企业的增长速度和利润区就会不一样。企业即使在资源上没有差异化，但通过模式重组，也可能做得不一样。比如地产行业中的华夏幸福，就采取了产业地产模式，与传统地产形成了差异化，获得了飞速增长。再比如拼多多，抓住三四线市场的机会，通过“社交 + 电商”的方式得以爆发。“模式增长红利”可表达为：我们拥有同样的碳元素，但由于截然不同的排列方式，你形成了坚硬的金刚石，而我形成了柔软的石墨。

最后一个要素是企业运营增长的红利，简单讲就是同一产业内不同的企业由于竞争能力的不同，获取的市场溢价也会存在差距，比如过去 15 年的快速消费品行业，一批企业绕过跨国企业强势品牌的壁垒，通过深度分销、精耕细作的市场操盘方式攻城略地。

读者们可以想一想，目前自己的企业，是在哪个增长区内？还是说在多个增长区中都有布局？

核心思想二：增长五线

好的增长模式还包括围绕具体业务如何变化，形成不同的增长态势。什么叫作态势？态势，是指状态和形势，是对事物运动的剧烈程度和规律的表述，如动、静、紊乱等。战略态势，包括军队所占地形，兵力部署对当前和之后的行动是否有利，力量对比是否占优势，是否掌握战略主动权，等等。孙子曰："胜者之战民也，若决积水于千仞之溪者，形也。"孙子又曰："善战人之势，如转圆石于千仞之山者，势也。"企业要增长，那当前的增长到底处于何种态势，直接决定了增长模式的不同。关于什么叫"势"，我听到最好的一个故事大概是与塞缪尔·亨廷顿相关的了。

亨廷顿生前一边在哈佛大学政治系教书，一边为政府做政策咨询顾问。很多人都知道他的代表作《文明的冲突与世界秩序的重建》，但是关于其背后的思想是如何形成的却鲜为人知。有一次我在哈佛大学，亨廷顿的助理告诉我，亨廷顿之所以当年提出"文明的冲突"的大胆预测，是来自他对"态势"的洞察。亨廷顿在哈佛大学教战争史时，每一堂课他都会讲述世界历史上的一次重大战争，并把战争的主体在世界地图上标记出来。一个学期 12 节课结束后，他把这些在地图上的标注点连接在一起，自然浮现出一千年战争冲突的轨迹。亨廷顿依据这个轨迹提出了“文明的冲突”的假设。1996 年，亨廷顿的这本书面市，随即在学界和政界掀起轩然大波，但他在书中推演的结论在 21 世纪初逐步得到了验证。当下世界所面临的许多问题都被亨廷顿命中，这都源于亨廷顿对“战略态势”的洞见。

回到企业的增长问题，业务的增长也有态势。我把这种态势，结合企业业务的增长，形成了一个说明企业增长模式的五线谱。一家企业或者企业的某一项业务，如果处于不同线上，增长的方式会完全不一样。好的增长地图，可以告诉企业的决策层和高管，怎么进，怎么退，进多少，退多少。作为公司的操盘者，你要知道自己的增长其实由如下五根线构成（见图 1–4）。

第一根线叫作“撤退线”，即收缩线，讲的是企业如何做有价值的撤退。在中国很少人提“撤退”这个概念，好像做企业就一定要做到 101 年，做到基业长青，这是不对的。企业在何种情况下收缩，在何种情况下要卖掉，怎么卖出一个最好的价钱，或者在某个关键点对某些业务进行收缩，这叫作撤退。在美国硅谷，就有一批专门创业之后将公司卖出的创业家。而 IBM 将 ThinkPad（IBM 创立的便携式计算机品牌）卖给联想，饿了么卖给阿里巴巴，摩拜单车卖给美团，在我看来都是很好的撤退，一方面创始人得到变现，另一方面原有业务加入新的生态系统，可以让原有的资源得到二次激活。

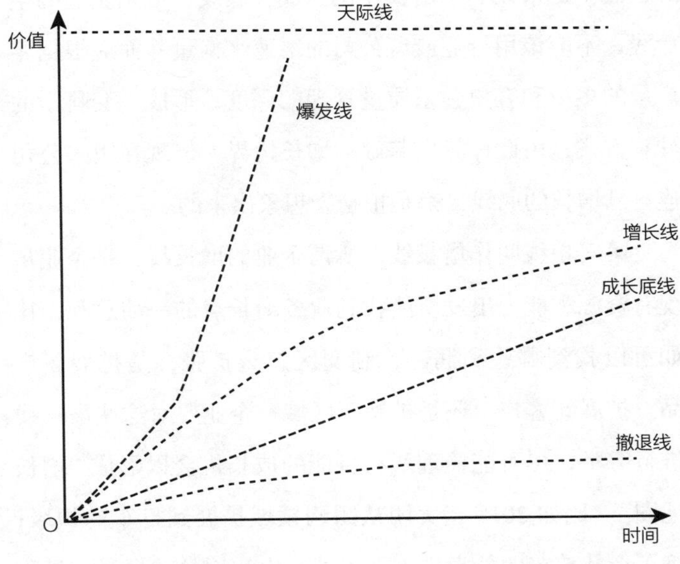

图 1–4　企业增长五线

第二根线叫作“成长底线”。所谓成长底线，也可以说是公司或者业务发展的生命线，也称“增长基石”，这条线有一个极其重要的作用，即保护公司的生死，为公司向其他方面扩张提供基础的养分。前文说到，很多 B2B 领域的公司制订增长目标的方法，就是把当年的业务规模乘以一个增长系数，就简单得到第二年的增长目标，这种计算方式完全不科学。好的公司的成长底线是可以算出来的，而不是乘以一个增长比例。成长底线，也是企业的生命线，不应该用行业或者公司的增速来衡量，而应根据客户量的多少和客户关系质量管理的深度，形成一套科学的计算方式，由此计算出基础的增长边界。但现在很多公司连自己增长的底线，都是拍脑袋想象出来的。

第三根线叫作增长线。所谓企业的增长线，是企业从现有资源和能力出发所能找到业务增长点的一切总和，比如可以找到哪些利润区，利润区怎么扩张，是扩展新产品，扩展新客户，还是扩展新区域？企业要对这些增长线进行穷举，尽可能梳理所有可能的成长机会以形成“增长地图”。比如 2018 年美团从团购领域扩展到打车的领域；饿了么从传统的外卖进入下午茶、生活用品的提供，号称半小时生活圈的物品全部覆盖……这都是在找自己的增长线。准备设计这条增长线的企业，要先守住成长底线，否则一旦扩张，就会有竞争对手杀入你的核心利润区，抽身都来不及。10 年前京东从以 3C（计算机、通信和消费类电子产品）为核心的网络商城，切换到全品类覆盖，就是一个很成功的增长线跨越选择。而反观当当网，由于当年对业务边界的扩张过于保守，近 10 年增长乏力。

第四根线叫作爆发线。增长线中会有很多增长路径，但有没有一条路径能够爆发？如果说增长线的增长还是线性的，那么爆发线要的就是指数级的增长。什么样的产品可以一夜爆发？从传播上讲，产品需要有快速传播的能力，把你的产品像病毒一样传出去；从渠道上说，则要有"超级流量入口"，在与该流量入口关联之后，业务能够迅速爆发。以饿了么为例，由于其背后的股东是阿里巴巴，饿了么就在原有的增长模式（比如区域扩张、客户扩张）上找到一个新的流量入口和场景，那就是和阿里巴巴的钉钉结合。一些公司通过钉钉向加班的员工派发饿了么的餐饮补助券，钉钉就是一个流量入口。当然，这种爆发由于具备指数级的特质，所以产品设计如果本身具备社会化连接的特性就更容易实现，比如拼多多、以前的团购网，都是这个原理。

最后一根线叫作天际线。从本质上讲，企业的基因、模式、资源，实际上决定了企业能跑多远。前段时间网上有篇评论很受关注，一位观察者讨论腾讯有没有梦想。从增长理论来讲，这篇文章的内容本身就说明作者“没有梦想”。为什么这样说？因为一个企业的发展，起点是产品，产品先立得住，才能形成产品经济，就像腾讯当年做QQ得以立足。但企业要继续增长，接下来就得依托规模经济、范围经济、网络经济和生态经济。生态经济会触及企业的天际线，在天际线下企业可以将资源用杠杆的方式做到极限。所以，不是腾讯没有梦想，是此评论者仅以一个产品经理的角色去看一个战略家的布局而已。

我帮很多公司做增长推演，先谈的就是这五根线。第一根撤退线研究的是战略态势下是否应该撤退，以及怎么撤退；第二根成长底线，即企业的哪些业务可以与客户建立持续交易的基础，持续不断给企业带来业务源；第三根增长线，是指企业应该如何布局增长的全景；第四根线是爆发线，即业务如何迅速爆发；第五根是天际线。从这五根线中我们可以看到企业的增长基因，在清晰描绘这五根线之后，我们大概就可以看出企业的增长区间有多大。

在本章的最后，我想谈谈什么叫真正的增长。视野决定格局，同一件事情，不同的人从不同的视角看，看到的界面、格局、态势都不一样。经济学家张维迎教授提到一个词我非常喜欢，叫作“语言腐败”。很多东西被乱用、滥用，就会出现“语言腐败”，比如说“战略”，每本商业书籍都会提及“战略”，可是到现在为止，“战略”这个词语的内涵还没有形成统一的共识。又比如说“营销”，菲利普·科特勒私下跟我说，真正实现他界定的营销的公司不到5%，目前绝大多数CMO（首席营销官）所做的营销工作多为“营销战术”，而不是他想架构的“以客户价值为中心的业务增长”。“增长”这个词也一样，目前充斥着各种说法，其实格局、视角是完全不在一个层面的，比如“黑客增长”。我们本质上讨论的是客户如何增长，但是在这之外，还有业务如何增长（这可能就是高管讨论的核心增长战略了，也是本书的核心）。业务增长后还有利润区如何增长，有很多公司有稳定的客户群和完整的业务布局，但就是陷入了利润黑洞，没有可以很好盈利的利润区。而最后一种增长，是公司市值的增长，即公司在股市上整体价值的提升。

本书的核心是试图打通战略和营销，从而回到科特勒以及库马尔一直提及的如何帮助公司来形成以市场为核心的增长。我想，这才是识别“好战略，坏战略”“好营销，坏营销”的金线。

本章小结

- 增长是解决一切企业问题的入口。
- CEO 面临的营销问题是如何以市场竞争为核心，来获得战略性增长。
- 衡量好战略还是坏战略，背后的金线即是增长。
- 原有的增长理论包括麦肯锡的三层面增长理论、贝恩的从核心扩张理论、科尔尼增长矩阵。
- 从市场战略的维度看，企业增长区 = 宏观经济增长红利 + 产业增长红利 + 模式增长红利 + 运营增长红利。
- 好的增长策略要能描述出企业的增长态势，本书提出增长态势的五条线，简称“增长五线”，它们包括：撤退线、成长底线、增长线、爆发线和天际线，“增长五线”非常适合企业做增长策略的推演。

第二章

撤退线：敦刻尔克的设计

一次良好的撤退，应和一次伟大的胜利同样受到赞赏。

——军事理论家

A. H. 约米尼

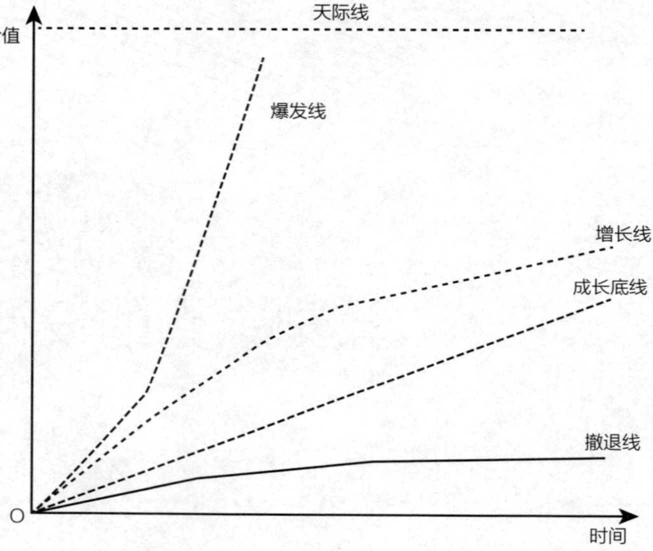

图 2–1　企业增长五线之撤退线

撤退线：反向增长的原理

传统的战略理论很少谈及撤退线。大多数人似乎都认为，撤退代表着软弱、放弃和认输，会将自己置于“任人宰割”的境地。而增长似乎是在做加法或乘法，可以不断增加新产品，进入新的市场或者通过数字化连接，实现平台生态化，好像只有多到无以复加才能战胜一切。在某个公司的董事会上，其 CEO 对我说：“我们不会放过任何可以挣钱的机会，决不！”公司无论是做加法还是乘法，其增长思维的前提是公司产品越多越好，要不断去进攻才能成功。在企业家雄心勃勃的征途上，这些举措看起来必不可少，然而盲目的行动往往会适得其反。

因此，我的看法是：有时候企业学会做减法，适时撤退，其实就是在做反向增长。

《孙子兵法·军争篇》中说“归师勿遏”，意在告诉各方兵家，不能袭击撤退的军队。撤退不等于溃败，但一般人总把撤退和溃败画上等号。2012 年，竞争战略之父迈克尔·波特参与创立的公司摩立特（Monitor）申请破产，被德勤[①]收购。此后，网络上关于“战略大师波特的公司倒闭了”的新闻铺天盖地而来，甚至对波特战略五力模型也掀起了一阵阵质疑的浪潮。2014 年，波特正面回应道：“我不是管理层，只是提供支持……摩立特必须调整，必须重新定位。选择之一是与其他公司合并，或者缩小业务范围……摩立特基于它在金融崩溃中负债累累的处境，做出了破产的选择，这是明智之举。”寥寥数语，折射出了波特对摩立特“撤退”的看法。撤退不等于溃败，在很多时候反而是明智之举。

最经典的撤退战役莫过于发生在“二战”时期的英法联军敦刻尔克大撤退。1940 年 5 月 21 日，近 40 万的英法联军被绕过马其诺防线的德军包围在法国东北部的港口小城敦刻尔克，彼时彼刻，联军只能以这个小城作为海上撤

① 此处指德勤有限公司，它的德勤会计师事务所是世界四大会计师事务所之一。德勤收购摩立特之后其管理咨询业务得到进一步增强。——编者注

退的出口。

但是英国对于战争形势的预判不明，没有准备充足的登陆舰来完成军事撤退，而敦刻尔克港口又极易受到飞机轰炸和炮火覆盖，近 40 万军队若想从这个港口撤退面临着极大的风险和挑战。英国政府组织海军，同时动员人民自驾小船营救军队，预计目标是撤离 3 万人。结果，在军民的共同努力下，这支混合船队在一个星期左右的时间里，营救了近 34 万人，创造了人类战争史上的奇迹。

关于敦刻尔克大撤退，英国历史学家吉尔斯·麦克多诺在其《世界战役史》一书中这样评述："尽管英国远征军损失了所有装备，而且只有训练有素的部队得以成功撤离，但是这次撤退为英军保存了有生力量，具有重大的军事意义。同时，大撤退的成功也大大振奋了士气。"

历史不能假设，然而我们可以尝试用虚拟变量来展开推演。如果英国远征军在敦刻尔克全军覆没，后果则不堪设想。中国学者常子仪在《奇迹般的撤退：敦刻尔克战役》中分析道："不仅武器装备难以为继，可能就连士兵和军官也无法凑齐了，由于这支军队几乎囊括了英国陆军的所有精华，因此它的损失可以说是无法弥补的。"我们也可以看到，后来"二战"中的英军著名将领，包括蒙哥马利、亚历山大基本都在这一批远征军中，一旦这些人战死或被俘，英军指挥系统将遭到无法恢复的损失。

此外，如果英国军队当时没有在敦刻尔克撤出，更重大的打击在于士气与人心，以丘吉尔为首的主战内阁将会直接面临被弹劾的命运，而内阁“鸽派”外交大臣哈利法克斯勋爵极有可能接任英国的首相和统帅。在哈利法克斯勋爵看来，“假如希特勒开出了并不会妨碍英国独立自主的条件，那我们就应该接受，否则就太愚蠢了”。一旦这件事发生，“二战”的结局可能改写，就连中国的历史也可能重写。敦刻尔克大撤退，虽然输了一次战役，却赢得了一场战争。

从敦刻尔克大撤退看撤退线，我们可以看到这根线的一些特质。选择恰当时机的撤退尤其关键，在商业上亦如此，最好的战略并非都是进攻，撤退线对企业来讲，有可能是保存后续进攻实力的关键。

那什么是撤退线？什么是好的撤退线？如果要给出一个定义，我把它定义为“企业或业务在增长路径上找到最好的出售、去除、转进的价值点，进行撤退”。但撤退线不等于逃跑线，也不等于放弃线，而是“以退为进”的线。我的合作伙伴杨杜泽博士，师从哈佛大学谈判学研究教父劳伦斯·萨斯坎德。我请杨博士回顾近20年的关键性谈判案例，他告诉我几乎所有的谈判都设计了“撤退线”，也就是桌面下的最后筹码。谈判就是一张一张地将牌打出去，但是最后都有撤退那张牌，即谈到最差条件时如何处理。企业家要学会设计自己的撤退线，知退方知前方可进之地。如果我们去硅谷，就会看到那里有一群信奉“海盗精神”的创业者。他们创办公司，把用户、利润区、价值做到一定规模后，就卖给大公司，比如，《从0到1》的作者彼得·蒂尔，他曾在1998年参与创办了PayPal（贝宝），并在2002年以15亿美元卖给eBay（线上拍卖及购物网站）；陈士骏把YouTube（视频分享网站）作价16亿美元出售给谷歌；WhatsApp以190亿美元天价卖给脸书。所以，对于企业家而言，学会设置自己的“撤退筹码”并不是什么丢脸的事。

如何设计企业的撤退线

在企业战略理论的历史思潮中，有一个极具影响力的工具叫作情景规划（Scenario Planning）。情景规划最开始以军事规划方法的角色出现于第二次世界大战中，当时美国空军试图推测竞争对手可能采取的措施，然后相应地制定了反制措施。20 世纪 60 年代，兰德公司[①]和曾经供职于美国空军的赫尔曼·卡恩把这种军事规划方法衍化为一种用于商业预测的工具。得益于这个预测系统，荷兰皇家壳牌石油公司成功地预测了 1973 年的石油危机。当 OPEC（石油输出国组织）宣布石油禁运政策时，壳牌已经做好了充分的准备，并有充足的石油储备。而借助这次石油危机，壳牌一跃成为世界第二大石油公司，从此，情景规划为世人所重视。

撤退线应该成为企业考虑的一种情景。在 2018 年中美贸易战中，中兴通讯损失惨重。而正是这个时候，很多人翻到了任正非在 6 年前的一段内部讲话："我们现在做终端操作系统是出于战略的考虑，如果他们（指欧美）突然断了我们的粮食，Android（安卓）系统不给我们用了，Windows 8 系统也不给我们用了，我们是不是就傻

---

① 兰德公司是美国最重要的以军事为主的综合性战略研究机构。但现在它已发展成为一个研究政治、军事、经济、科技、社会等各方面的综合性思想库。——编者注

了……我们不要狭隘，我们做操作系统，和做高端芯片是一样的道理，主要是让别人允许我们用，如果断了我们粮食的时候，备份系统要能用得上。”所以，好的企业家，永远会考虑在最坏情况下的后路。

从增长角度来讲，企业可以分为如下几个阶段：从 0 到 1，从 1 到 n。在从 0 到 1 的增长阶段，企业如果想设计撤退线，关键在于做出自己的价值点，比如独特的科技能力、核心的价值认同。因为在这个阶段，企业都是在做技术和市场测试，而壁垒性技术和市场的认可直接决定了企业拥有高质量的增长基因。而在从 1 到 n 的阶段，撤退线主要在于在你的市场扩张后，外部资源方对你的认可，生态相关型企业会去入股或者购买你的企业股权，所以如何与它们在增长阶段进行有效连接尤为重要，比如最近两年的外卖 O2O（线上到线下）行业，先有百度外卖整体卖给饿了么，后有饿了么全面被阿里吸纳。

当然撤退线远不只是如何把公司卖出一个好价格。前面给出的撤退线的定义是“企业或业务在增长路径上找到最好的出售、去除、转进的价值点，进行撤退”，现在，我把这三个环节分开，一个一个来谈。

出售：找到最佳出售点

企业或其业务要在增长路径上找到最好的出售点，关键是在企业生命周期最有价值的转折点撤退。这个转折点很重要，最佳转折点是公司外部价值认知和内部最优判断有正向价差的时间区间。

福建福州有一家互联网公司网龙网络，在香港交易所上市，主要从事网络游戏、移动互联网应用项目的开发运营，业务范围也已扩展到在线教育、企业信息化行业等。我去过这家公司，给我印象最深的有两点：一是它的办公楼，位于福州机场旁边，从天空俯瞰，与美国电影《星际迷航》（*Star Trek*）中的“联邦星舰企业号”（USS Enterprise）一模一样；二是这家网络公司的董事长刘德建。刘德建是国内最早的网络游戏研发专家之一，2003 年搜狐收购了他的 17173 游戏门户网站。10 年后即 2013 年的夏天，百度以 19 亿美元收购了他的 91 助手，这次收购成为当时中国互联网史上最大的一个并购项目，其间刘德建还促使母公司网龙在香港上市。由于这两笔成功的交易，网龙成为福建省最大的互联网公司之一。

关于 91 助手的这笔交易，如果我们从 2013 年这个时间点再往前推 6 年看，会发现这个故事更加富有传奇色彩。2007 年，熊俊将 91 手机助手的雏形 iPhone PC Suite 仅以 10 万元卖给了网龙网络，他本人也加入网龙。

而 2007 年，正好也是中国移动互联网起步的阶段，在这个风口下，熊俊在网龙开发的 91 助手迅速取得巨大成功。当时很多人不会用苹果的 App Store（应用商城），于是 91 助手在中国创造了“越狱”[①]这个工具，用户要先安装越狱软件，才能用 91 助手安装苹果手机上的各类 App（手机应用软件）。2012 年 9 月，91 助手累计用户数量达到 1.27 亿，安卓市场贡献了超 4 800 万的用户。91 助手在苹果和安卓两大智能手机客户端的市场渗透率分别超过 80% 和 50%，成为优质的移动互联网入口。

2013 年也是中国移动互联网发展的关键年，在这一年，91 无线（全称“91 无线网络有限公司”，网龙的子公司）实质上已经处于企业从 1 到 n 发展的后期阶段。这个时候，91 无线面临三种可能的发展趋势：维持原状、上市、并购。在这个关键节点，网龙为什么设置撤退线？

① 越狱是针对苹果手机的 iOS 系统而言的。由于 iOS 系统相对封闭，很多安卓系统能做的事情，iOS 做不了，但是安装了越狱软件后，iOS 的性能、功能和使用方式得到极大改进。——编者注

现在让我们重新设想一下网龙的战略。

第一，继续做91助手。91无线已经形成了“用户—开发者—平台”的生态圈，有巨大的用户量和用户习惯做基础，盈利方式为“广告收入 + 游戏联运”，营收状况良好，2013年，91无线收入有望突破8亿元，是维持母公司网龙股价的中坚力量。而彼时，这个入口领域从无人注意到不断有巨头、挑战者进入，竞争对手也看到移动互联网入口的价值，包括360等竞争对手强势崛起，91助手的市场份额下降，收入更加依赖游戏联运。换句话讲，91助手这类业务不存在壁垒，只要有充足的时间，商业模式极易被复制。同时，91助手作为独立的第三方应用，缺少重要的导流方式。

第二，上市。再从当时上市的可能性看，91无线确有上市计划，在前期接触了包括主权基金淡马锡、电讯盈科主席李泽楷、卫哲旗下基金以及“红筹之父”梁伯韬等多名战略级投资者。李泽楷等人的相关资源也可以为网龙在香港上市铺路，且91无线相关产品在未来可借助电讯盈科运营商进入中国香港及东南亚地区。除此之外，91无线预备选择“介绍上市”的做法，来实现股权不被稀释的目标。然而盗版成为91无线上市的拦路虎。91助手上存在大量涉及版权问题的应用，因此广受诟病，且 91 无线在谋求上市时，其产品 91 助手仍然提供 iOS 越狱服务，并遭到多家公司的版权投诉。除此之外，其母公司网龙的市值飙升凭借的是 91 无线业务的飞速发展，若 91 无线独立上市，网龙股价势必重跌。综合考虑以上因素，上市也不是 91 无线的明智选择。

第三，并购。正如前面的分析，91 无线上市存在巨大的不确定性，而资本市场的高估值使得卖出 91 无线成为更好的选择。BAT（百度、阿里巴巴、腾讯）三大巨头均参与了 91 无线的竞购，百度和阿里巴巴的竞争最为激烈，竞争对手 360 也参与其中。腾讯曾和网龙接洽，但由于价格上未能达成一致，且腾讯自身应用宝及配套导流入口的现实使腾讯最终退出了并购；360 始终积极介入并购案，期望阻止百度的并购，但是 360 与 91 无线此前合作破裂的恩怨使双方难以达成一致，但是 360 的介入的确在提高 91 无线出售价格上起到了推波助澜的作用；阿里巴巴全程积极期望实现并购，甚至给出 20 亿到 22 亿美元的高价，尽职调查后给出 18.6 亿美元的价格；最终 91 无线接受了百度 19 亿美元的报价和一个董事席位。

谈到这次并购，首要的问题是：百度为什么要买？

2013 年，百度还被认为是传统 PC（个人计算机）桌面搜索的中心，对于百度而言，如何进入移动互联网的入口尤其关键。91 无线的业务相对更加聚焦，它是天生的移动互联网入口，拥有过亿的用户群，最重要的是手游的发展也处于成长期，所以百度的战略考量因素就是买“入口”。阿里巴巴的移动互联网转型布局非常早，比如电商转型，购入新浪微博、高德地图的股份，等等。而百度相较于阿里巴巴和腾讯来说，布局略微迟缓。百度期望从三个方面——移动搜索、应用分发、生态系统来进行布局。尽管其在移动搜索上能实现快速布局，但是应用分发和生态系统都是需要足够长的时间才能建立起来的，而 91 无线很好地在这两点上和百度形成了业务协同效应，所以，趋势、入口、门票、速度、面对竞争者的底牌，这都是百度重金购买 91 无线的原因。

这些要素也是网龙设置撤退线时的“棋子”。从撤退线的角度来看，网龙做得漂亮。前面我们讨论到，撤退线的最佳点处于公司外部价值认知和内部最优判断有正向价差的时间区间内。虽然从公司规模和实力上来说，91 无线不敌百度、腾讯、阿里巴巴、360 这样的大公司，但是在越狱市场，91 没有遇到过对手，在移动互联网的风口上，利基市场[1]也可以卖出天价。网龙踩的撤退点非常精准，可以看到的是，过了 2013 年这个时间点后，91 助手的价值就开始迅速下滑。这个点正如抛物线的顶点，过了此时此刻，出售的价格前后可能就有天壤之别了。

历史不能假设，但是结局可以比较。创立于 2009 年的豌豆荚也是风靡一时的应用分发平台，其小清新的风格深受年轻人喜爱，先后获得多家公司巨额投资。豌豆荚创立于移动互联网的爆发点，得益于其对用户使用习惯的洞察，它通过"PC 端管理手机软件"的独特方式在第三方应用分发平台中脱颖而出。2013 年豌豆荚拒绝了百度及其他公司的并购邀请，坚持独立发展，2014 年阿里巴巴报价 15 亿美元收购豌豆荚，但因豌豆荚投资人认为价格过低，导致这次收购未成功。2016 年 7 月，阿里最终以两亿美元的价格收购了豌豆荚的核心产品——应用分发市场，至此，豌豆荚被一分为四。因此，91 无线在关键节点急流勇退，依附拥有更多资源和渠道的百度是明智的选择。

好的战略撤退也不是网龙的一家之举。我们再来看 WhatsApp 的故事。2009 年，两位雅虎的离职员工——美

① 利基市场是在较大的细分市场中具有相似兴趣或需求的一小群顾客所占有的市场空间。——编者注

国人布莱恩·艾克顿（Brian Acton）和乌克兰人简·库姆（Jan Koum）创立了手机短信的代替品 WhatsApp。从功能上看，WhatsApp 简洁明了，能帮用户收发信息。相比于中国的聊天应用软件微信里的卡通聊天表情、游戏、朋友圈分享等大量功能，WhatsApp 可以说是个另类。然而不到 5 年的时间，WhatsApp 在拉美和欧洲地区苹果手机中的市场占有率就超过了 90%。这也是微信在欧美市场举步维艰的原因。脸书斥巨资收购 WhatsApp 的强势理由有两点。

一是获取用户。脸书已然是全球最大的社交平台，并且拥有 Messenger 这款社交软件，但在（即时通信）市场中，WhatsApp 依然是欧美市场的垄断者。

二是整合商业模式。导入用户群后，商业模式的盈利可能性会更加丰富。脸书可以借鉴微信等模式的"免费使用 + 社交游戏付费"的方式，基于用户做进一步的细分和深挖。再者，收购 WhatsApp 有助于脸书实现扎克伯格纳入全球用户的梦想，这也符合脸书国际化的路线。

对 WhatsApp 而言，卖给脸书也是有利可图的：首先，WhatsApp 最终会走向商业化，而脸书在迈向商业化的征程上已经有了足够的经验。其次，依靠大平台有利于市场的拓展。如同微信很难进入欧美，WhatsApp 同样也很难进入中国。目前三大即时通信软件[①]在全球跑马圈地的阶段已过去，这时选择更大的平台会有更大的可能性。最后，WhatsApp 可以更专注产品和用户体验，延续自己产品的发展。所以，在这次撤退的战略中，WhatsApp 和脸书是双赢的。

去除：精益增长的秘诀

乐高集团 CEO 乔根·维格·克努德斯托普曾敏锐地指出："公司不会死于饥饿，只会死于消化不良。"所以第二种设计撤退线的思路叫作"去除"。与追求大而全的增长模式不同，企业在出现增长边际效益递减，形成利润区黑洞时，就要选择一种做减法的增长模式，即减业务单元、减组织、减目标。此时，企业只有把这些资源回馈到最具马太效应的业务中去，才能保证利润的可持续性和自我循环。

以卡夫为例。2006 年，卡夫食品公司正面临着增长黑洞的威胁，其在中国市场的营业收入每年不到两亿美

---

① 三大即时通信软件为微信、WhatsApp 和 Line。其中 Line 为日本一家公司推出的即时通信软件。——编者注

元，和其世界500强的品牌势能毫不相符。而且更让CEO担心的是，卡夫食品强有力的产品组合，从通心粉到奥利奥，都没办法打破这个僵局，市场发展停滞不前。整整10年，卡夫全球领导层为了开发中国市场，做出了大量的决策，但效果微乎其微。为了提高市场占有率，卡夫不断推出新产品，发展各种新品牌项目，但是收效甚微，投入和产出完全不对等。无限制的扩张，换来的只是更大的收益黑洞，公司业务进入了恶性循环。当时的卡夫食品中国区CEO戴乐娜说："我们都知道，也试过各种方式，但是简单扩大业务规模并不能将我们带出增长停滞的泥潭。"

少即是多。单纯的业务扩张反而有可能形成利润黑洞，在这时，企业就可以打出思维底牌，即精简式增长。这种增长模式要求企业砍掉盲目扩张时增加的"不必要的组织"，即那些不具备自身造血能力，同时不具备生态作用的业务，让自己轻装上阵。

卡夫食品国际部总裁桑杰此时正负责发展中国家的市场业务，他就提出了一个与传统增长计划完全相反的增长计划。然而，也确实从这个反向增长计划开始，卡夫在海外市场找到了转机。这项增长计划的核心原则有：第一，精简业务，减少增长对象，将目标设得更远大，将精力集中到有胜算的业务上，精简掉试探性的业务；第二，大胆创新，重组资源，提高资源使用效率，将资源放在有潜力的项目上；第三，降低沟通成本，让组织更简单；第四，执行第一，不断试错调整。

基于这样的增长原则，卡夫组织召开了一次管理人员与增长专家的主题大会。这次会议的主题是找出当时正在盈利以及未来三年可能盈利的业务，其他部分业务停止盲目扩张，资源全部倾斜到增长快、利润高的业务上，也就是波士顿矩阵[①]里提到的“明星业务”。卡夫管理层还提出公司全员要避免无效会议，拒绝成堆的会议纪要。在此基础上，卡夫的 CEO 把这个在发展中国家市场形成的新战略，叫作“5–10–10”增长战略。

“5–10–10”增长战略是指卡夫对公司现有的数十种产品线，超过 150 个品牌以及覆盖 60 个国家的业务组织进行“瘦身”做减法，最后把资源集中在 5 种最畅销的产品、10 个发展势能最猛的品牌以及 10 个主要国家的市场上。这种减法性增长，使卡夫的资源高度集中，业务王牌

① 波士顿矩阵由美国著名管理学家、波士顿咨询公司创始人布鲁斯·亨德森首创，又被称为增长率 – 相对市场份额矩阵。该矩阵的四个象限分别对应明星产品、现金牛产品、问题产品及瘦狗产品。——编者注

被提升到具有压倒性的优势地位。同时，由于“5–10–10”战略是高层一起参与制定和实施的，所以它有一种战略紧迫性，目标清晰，易落地。

“5–10–10”增长战略实施5年后的效果如何？2013年，卡夫食品在发展中国家市场的营业收入从原来的50亿美元上升到160亿美元，平均增长率达两位数，利润率提升了50%。作为一个原本即将被放弃的市场，中国市场的奥利奥销量冲到饼干市场前3名。明星品牌卡夫果珍，在增长战略实施前用了半个世纪，才在发展中国家市场做到5亿美元销售额，而2013年果珍的销售额超过10亿美元。

乔布斯也是通过减法扩张来运作苹果的。1997年，乔布斯重返苹果担任CEO时，苹果账上的现金仅够运转两个月。乔布斯凭着“舍九取一”的魄力，果断砍掉多余的产品设计及组织体系，重新确立增长方向。在产品上，他大幅精简产品线，根据“普通用户/专业用户”以及“台式电脑/便携电脑”两个维度，规划了一个二乘二的矩阵，将苹果原本多而杂乱的产品线删减到四款基本产品，着力提升这四款产品的盈利能力。同时，乔布斯也将“简单”的思想应用在产品设计上，比如外壳颜色、屏幕设计等，树立独特的简洁“苹果风”。在组织体系上，他大刀阔斧地改造供应链，将苹果由重资产运营转向轻资产运营；关闭美国工厂，将制造业务转移到海外，降低管理成本和提高资金运转效率；建立官网，开辟网络直销渠道，将经销商删减至只剩一个全国性经销商，大幅降低库存风险，增加公司现金流。这个减法式战略是苹果再次崛起的前提。

美的的 CEO 方洪波先生也是做减法的高手。2012 年担任美的 CEO 时，他所面临的状况是国内产能过剩，国内外市场日益萎缩。美的集团于 2011 年下半年开始推进“急刹车”式的战略转型。它以“产品领先、效率驱动和全球经营”作为集团战略转型的三大战略指引，实施从业务到组织人员的瘦身措施。

美的最主要的措施是聚焦。在 1993—2009 年的 17 年高速扩张期，美的采取了相对独立的事业部发展模式，各事业部可以决定投入什么项目以及生产什么。虽然 2010 年美的收入突破了 1 000 亿元，但是美的进行投资收益盘点后发现，这种四面出击的机会型市场扩张模式，净利润竟然比不上单一产品的同行，比如格力。方洪波上任后，要求各事业部对旗下业务进行重新梳理，做出取舍，通过设置各种打分维度，比如投资收益率、市场占有率等，对各个业务进行考核打分并排名，剔除因缺乏核心竞争力长期亏损以及规模过小、利润微薄的业务项目和经营品类。精简产品线后，美的的产品从2011年最多时的22 000个减少到2 000个，并将以前产能过剩时扩大的厂房和工业园全部关掉，同时裁员7万人。

方洪波给美的做的大外科手术以"减法"为核心，聚焦在竞争力最强的产品上，垂直深潜下去，意图把客户价值做透。这个战略实施4年后，美的2016年进入世界500强，成为白色家电行业唯一的上榜企业，2017年美的的税后净利润达到186亿元，每天盈利达5 100万元。这就是撤退式增长的力量。

转进：以退为进

有时候，撤退甚至是一种为了取胜而做出的主动选择。历史上，许多主动撤退的部队，看似是一种懦弱，其实是为了掩护部队能够安全撤退。撤退人员会预先选定适合埋伏的战场，而且在撤退到安全地带时，全军的士气反而高涨，作战能力大大增强。著名的"特洛伊木马"的故事就是经典的假装撤退、以退为进的典范。

竞争是企业经营过程中的必修课，产业信息越透明，传统产业界限就越模糊，企业面临的竞争从同一维度的传统竞争逐渐扩展到多维度渗透竞争。如果竞争对手非常强大，战略撤退就不失为一种明智的选择。一方面，战略撤退以低姿态麻痹对手，不会进一步刺激对手将竞争升级；另一方面，战略撤退可以使企业集中利用资源，更迅速地进入新领域，从而获得新的机会。

哈勒尔公司是美国一家销售喷液清洁剂的公司，尽管是一家小公司，但它在美国占有 50% 的市场份额。而大公司宝洁突然进入这个市场，经过冷静分析，哈勒尔公司决定采取暂时撤退战略。在宝洁公司进入丹佛市试销时，哈勒尔公司中断供货，取消一切促销活动，造成喷液清洁剂产品供不应求的假象，于是宝洁公司开始加大生产规模以投放全美市场。这个时候，哈勒尔公司抢先采取低价倾销策略，引导消费者大量购买，使消费者半年之内都不再需要买清洁剂，这就造成宝洁公司的同类产品长期滞销，宝洁被迫退出了喷液清洁剂市场。这就是典型的以退为进的市场战略。

美团创始人兼 CEO 王兴曾多次撤退，他的撤退都是为了留住其“团队”。2018 年 9 月 20 日，王兴如愿在香港交易所敲锣，美团也凭借 72.90 港元的开盘股价，约 510 亿美元的市值，一举成为继 BAT 后中国第四大互联网公司。从 2003 年一腔热血回国创业，到 2018 年在香港敲锣上市，王兴在创业圈摸爬滚打了 15 年，被外界称为“九败一胜”。但从校内网、饭否网到美团，王兴早期的创业伙伴们一直都伴随其左右，现在也已成为美团的骨干力量。九败的王兴，正是靠撤退保住了团队。

减法式增长的“陷阱”

但做撤退、做减法也是有“陷阱”的。避免掉入陷阱的办法在于选择一套有效的规则来做减法。GE（通用电气）的前任 CEO 韦尔奇在全球享有盛名，曾经创造了通用电气的商业奇迹。韦尔奇有一个著名的“数一数二”战略——GE 旗下的任何一家企业，如果不在市场竞争中占据第一和第二的位置，GE 就会整顿、关闭或出售它们。在韦尔奇担任 CEO 期间，GE 出售了价值 110 亿美元的业务资产，大规模缩减业务范围，然后把资源配置到在行业中数一数二的业务公司。GE 在重组中增长，营业额由 270 亿美元攀升到 1 290 亿美元，并连续多年名列《财富》

杂志“最受尊敬的美国公司”榜首。

据说韦尔奇在上任后的第一个周末就去拜访了彼得·德鲁克（1909—2005），见完德鲁克后便开始在GE推行“数一数二”战略，以做减法获取增长，韦尔奇在任时期成为整个GE历史上增长最快的一个时期。但是，如果这个故事你只听到这里，就把这种“减法”战略简单地复制到自己的公司，那么在战略落地时一定会出现问题。事实的真相是，“数一数二”战略作为典型的撤退后聚焦的增长战略，最开始实施的时候并不成功。

有一年我去GE参观，它的咨询顾问跟我聊到“数一数二”战略背后的故事。GE刚开始执行“数一数二”战略时，并不成功，因为下属公司的CEO来集团汇报时，每个公司都声称自己在相关行业里是数一数二的，为什么呢？举个例子，比如说我做遥控笔，我会把自己界定成在某个细分领域当中的遥控笔，故意把“总池塘”做小，按照这个界定领域评判，就能做到数一数二。换句话说，行业的界定是实现“数一数二”战略的关键。上有政策，下有对策，当时韦尔奇发现这个战略难以实施。

后来有一次韦尔奇去某军校听演讲，军校的军官向他点出了问题关键：“你的目标设置有问题，造成你们下属公司的 CEO，都在试图将业务池的定义缩小。”韦尔奇回来后便开始反思，他在笔记中这样写道：“原来，整整 15 年来我所苦心经营的‘数一数二’战略是个伪概念，因为大家都在想办法把自己直接界定成第一或第二。”于是他重新界定了“数一数二”战略，即所有业务公司的 CEO 或一把手现在界定的事业群占所界定的整体市场份额的比率，不能超过 10%。如果高于 10%，CEO 们需要重新界定一个细分市场。只有这样界定成功之后，“数一数二”战略才能成为真正做减法的增长战略，才真正构建了通用电气的杰克·韦尔奇时代。

谈胜之前要先把自己置于不败之地，正所谓“反者道之动，弱者道之用”，学会撤退，是讨论如何增长的第一前提。

本章小结

- 撤退线不等于逃跑线，不等于放弃线，某些时候反而是为了“以退为进”。模拟撤退线可以知晓企业在最差情境下如何进行策略处理。
- 撤退线指的是企业或业务在增长路径上找到最好的出售、去除、转进的价值点，以进行有效撤退。
- 撤退线上的最佳出售点是公司外部价值认知和内部最优判断有正向价差的时间区间。
- 撤退线上的去除点与企业追求大而全的增长模式相反，它是通过减少业务单元、组织、资源，把这些要素回馈到最有马太效应潜力的业务上去，保证利润的可持续和自我循环。
- 撤退线上的转进点实质是“以退为进”的布局，以战略撤退来麻痹竞争对手，通过撤退集中使用资源，以获得新的机会。

第三章

成长底线：业务基石的设计

一家好的企业，是能够建立持续交易的企业。

——著名战略咨询专家

包政

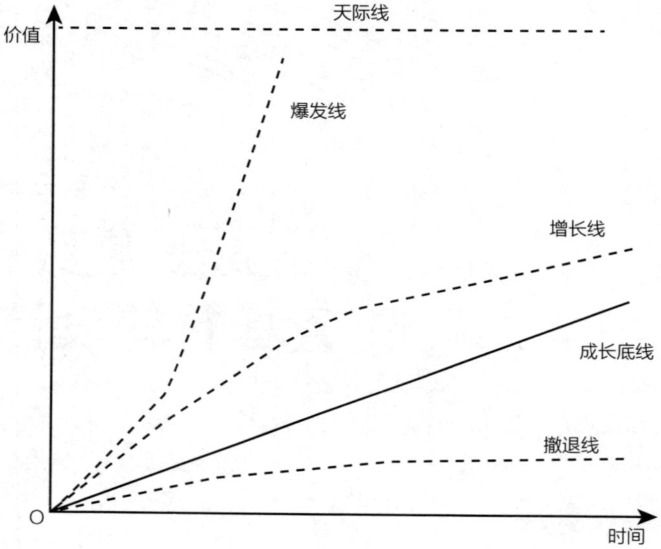

图 3–1　企业增长五线之成长底线

成长底线：你的增长基石在哪儿

上一章我阐述了撤退线的意义与设计。这一章我们谈增长的另一根重要的线，我把它叫作“成长底线”。

我每年至少会参加一百多家企业的高管会议。在这些会议上，我常常看到雄心勃勃的CEO们畅谈他们的增长战略计划，当我们在一起设计企业增长路径时，我就会向他们抛出这样一个问题：“你有没有设置好成长底线？”所谓成长底线，也就是企业或者业务发展的生命线，也称“增长基石”。成长底线是企业阶梯性增长的基础，这条线上的业务不一定能给企业创造高额的利润或者带来巨额的销售收入，但是至少有一项极其重要的作用，那就是保护企业的基础业务，为企业向其他业务扩张提供基础的养分。

成长底线，是保证企业能够稳健发展的一条线。中国古代有“萧规曹随”的说法，指的是汉代开国宰相萧何顺应民意，制定了一系列鼓励人民生产的积极措施。到了曹参当丞相的时候，他依然遵循萧何留下的规章制度，最终使得西汉在初期就能够快速复兴。我们也看到位列世界500强以及中国500强中的一些企业，可能有些你都没有听说过名字，但是发展得极其稳健。当年王石在制订万科发展规划的时候说“万科的未来需要波澜不惊”，大概也是这个意思。

那企业的增长设计有没有“萧规”？有没有实际上已经决定了企业稳健发展的成长底线？

亚马逊所构建的成长底线

我们来看亚马逊的案例。2018年9月，亚马逊市值突破1万亿美元，成为互联网领域市值最高的公司之一，是商业史上第二家突破万亿美元市值的公司（第一家是苹果），亚马逊正在不断往“天际线”扩张。但是重要的不是结果，而是发展的逻辑，一家没有成长底线的公司，何谈升到天际线？没有一座座坚固的城池，扩张再迅速也形成不了帝国。让我们回到最初，看看亚马逊是如何构建成长底线的。

亚马逊早期的客户流量获取与中期的客户终身价值锁定帮助其构建了自己的成长底线。1995 年亚马逊成立，1996 年夏天，它就面临着激烈的同行竞争。为了应对这种状况，创始人贝佐斯实行了一项“客户流量导入策略”，即和外部各种网站合作，当其他网站通过链接把用户导入亚马逊来购书时，亚马逊就会为这些网站的导入行为支付 8% 的佣金。早期的这一策略使大量网络生态愿意为亚马逊导流。大流量入口的接入可以帮助很多网络企业建立增长源。比如，1 号店创立时，为了获取用户，曾在上海策划在小区发传单，在地铁做广告等推广活动，但效果并不明显。最后 1 号店找到了突破口，与当时的互联网流量大入口天涯社区进行合作，将天涯的用户导入 1 号店。发现这个模式有效后，1 号店将其复制到了其他合作方，半年的时间就完成了 1 号店早期的用户积累。

亚马逊一直强调客户体验，因为只有良好的客户体验才能保障导入的流量有效并变成自己的客户池。从早期的电商图书市场来看，Bookmatch 是亚马逊一个强劲的竞争对手。Bookmatch 的模式是让客户对几十本图书进行评价，根据评价人与商品的数据推算出这批人喜欢什么类型的图书。正如其公司的名字一样，这种模式是为了“书和人的最佳匹配”，试图深挖用户的钱包份额。所谓钱包份额，指的是客户在某一公司的购书金额占其所有购书金额的比例，如果钱包份额过低，说明该公司的业务与客户之间的关系是脆弱的。而亚马逊洞察到了 Bookmatch 这种模式下客户的痛点——一般情况下，写长篇评论的用户不到 2%。一个原因是当时大家还没有形成互动点评的习惯，还有一个更重要的原因是怕麻烦，用户写评论既耗时，又得不到直接的激励。于是亚马逊从这个痛点切入，开发出一套简单的程序，这就是后来不断衍化出的“智能推荐”（Smart Push）。该程序可以凭借用户以往购买的书来推荐书单，把具有相同购买记录的用户集中到一起，然后推出一组同类用户感兴趣的书单，这就是“同质化推荐”（Similarities）。该程序上线后立即带来了销售额的暴涨。从此，亚马逊逐渐把流量池变成了客户池，具备了与客户建立持续交易的基础。

贝佐斯一直提倡“把锚放在消费者价值上”。很多公司也在学习亚马逊是如何实现客户价值的。而我在这里想提示读者的是，客户价值一般由两个要素构成，用一个公式表示：

客户价值＝客户让渡价值＋比较价值

客户让渡价值指的是你的公司为客户创造的综合收益减去客户成本所形成的价值，而比较价值指的是与竞争对手相比，你的公司的价值优势。换句话说，哪怕你为客户创造了无穷的让渡价值，但是如果没有竞争优势，客户并不买单。

获得了竞争优势也并不等于就有了成长底线，真正帮助亚马逊完成成长底线的是2005年它推出的Prime会员制度[①]。前面我提到，好公司是能够与客户建立持续交易基础的公司，因为一旦形成黏性，进行持续交易，公司的价值就可以按照客户的终身价值来进行贴现。在这个经营逻辑下，公司一方面要把流量池变成客户池，另一方面要有效锁定客户池中最具有忠诚度的客户。根据这个增长逻辑，亚马逊是怎么做的呢？

为了把流量池转化为客户池，并形成公司的利润池，

① Prime会员制度是亚马逊针对消费者推出的一项付费会员服务。成为Prime会员后，消费者可以享有非会员没有的权益。——编者注

贝佐斯坚持“天天低价”策略，并且率先在电子商务行业推出“满 99 美元免费送货”的政策。之后亚马逊不断降低免费配送的门槛，进而于 2005 年 5 月推出会员体系“Amazon Prime”。对网络购物的客户进行细分，有一个重要的细分维度就是购物频率，频率越高，该客户对企业的价值越大。可是客户每次购物所发生的物流配送成本，并不会因为购物频率高而产生折扣，因此，为了节约配送费，一些客户会把需要的商品积累到一定量后集中购买。亚马逊认识到这是一个“锁定客户”的机会。我把这种策略叫作“锁销”，即用一种方法锁定客户未来的消费行为。

亚马逊用 Prime 制度把超级用户挖掘出来，形成自己强有力的根据地与利润池，Prime 成为亚马逊构建成长底线的基石。之后，亚马逊 Prime 会员体系又增加免费提供会员流媒体[①]视频（Prime Instant Video）服务，使得 Prime 的吸引力越来越大。锁定了客户，就是给客户建立了退出壁垒。加入 Prime 后，会员不仅能享受隔天即到的快递服务，也没有所谓的最低起送价，此外，会员能看到更多的

① 流媒体是指将一连串的媒体数据压缩后，经过网上分段发送数据，在网上即时传输影音以供观赏的一种技术与过程，此技术使数据包能像流水一样发送。——编者注

电影、电视和电子图书。在中国，亚马逊 Prime 的会员费为每年 288 元，目前权益包括：海外购订单满 200 元跨境免邮；国内订单零门槛免邮；会员专享折扣；Prime 周三会员日；电子书免费阅读等。

截至 2017 年 6 月底，美国亚马逊的 Prime 会员达到 8 500 万人，相当于每 10 个美国人里就有 3 个购买了 Prime 服务。2018 年 4 月 18 日，贝佐斯在一封致股东的信中，公布了 Prime 会员的明确数量："在上线 13 年之后，亚马逊在全球拥有了超过 1 亿 Prime 付费会员。2017 年，亚马逊 Prime 在全球配送了超过 50 亿件商品，这一年无论在全球还是在美国，Prime 会员的增长数量都超过了往年。"

什么是亚马逊的成长底线？这 1 亿个高频率交易的"锁定"客户和近 100 亿美元的 Prime 会员费就是亚马逊的成长底线！亚马逊 2017 年会员费收入为 97 亿美元，从实际效果看，数据显示亚马逊 Prime 用户年消费额为人均 1 300 美元，非 Prime 会员人均为 700 美元，差额达到 600 美元，也就是说会员体系帮助亚马逊多获得了近 600 亿美元的收入。

更重要的是，在这个丰厚的会费收入的土壤上，亚马逊可以进行各种扩张方式的尝试，当然有成功有失败，但是没有关系，只要成长底线在，亚马逊根本不用担心未来。换句话说，亚马逊未来的各种增长方式即使失败，它也不会伤筋动骨。根据华尔街公司 Needham 的统计，随着 Prime 会员体系的发展及其电商市场的进一步扩张，到 2021 年，亚马逊在零售市场的份额可能将增至 50%。

拥有了成长底线，就意味着一家公司拥有了别的公司没有的优势，这些优势体现在以下几个方面。

第一，拥有稳健成长的业务基础。一个没有成长底线的公司，业务一定是波动、起伏不定的。就像 20 世纪 30 年代美国大萧条时期，凯恩斯倡导扩张性政策，可是扩张性政策一停下来，经济增长就面临停滞。很多企业的增长也存在这种情况，给予资源刺激，企业的业务就会增长，而这种增长的效果却是递减的，即存在“增长的边际效率递减”规律。很多企业家发现，投入更高的资源刺激增长，所能得到的增长效率却不如以前，可是他们不敢停下来，因为停下来增长就会停止。这就是近两年福建晋江服饰品牌面临的问题，它们当年依靠明星代言加上央视广告投放的方式升到风口浪尖，但是风一停，经济增速降低加上消费者迭代，这些品牌一夜之间就掉了下来。

第二，拥有成长底线的公司，具备一定的定价权。一家公司产品的定价，受到自身成本结构、客户认可度、竞争对手定价等多个要素的影响。如果一家公司拥有了雄厚的客户群作为成长底线，它就具备一定能力的定价权。定价权也能反映一家公司对产品或者服务是否具备提价的能力。我们以路易威登这家公司为例。10 年前我们去巴黎香榭丽舍大道路易威登专卖店买东西，是会被限制购买数量的，而且路易威登每三年会调整一次价格。它这样做的目的就是为了保持品牌的稀缺性，而保持稀缺性的前提是路易威登在全世界有一批超级忠诚的客户，这帮人的重复购买以及新兴市场的增长区间，可以帮它有效构建这条成长底线。

第三，拥有成长底线的公司，才有多业务扩张的选择。今天我们看到腾讯、阿里巴巴不断进入新的领域、新的行业，这看似是与原有战略学领域“谨慎多元化扩张”的观念相悖的，但是为什么它们，包括我们上面提到的亚马逊可以不断进入新领域？原因就在于它们有条成长底线。它们的成长底线就是它们的黏性客户以及这些客户未来可以实现的终身价值。换句话讲，哪怕进入新的市场失败，只要底线还在，公司的价值就不会受到影响。构建了成长底线后，一家公司再去做增长线、爆发线，乃至后面我们谈到的天际线，才有可能实现，才不会产生增长幻觉。

星巴克的增长基石与其成长底线

如果说 Prime 构建了亚马逊增长的成长底线，那么星巴克的星享卡就是星巴克构建增长基石的秘密武器之一。星巴克是谙熟增长基石和成长底线构建的高手，其前 CEO 舒尔茨反复在“致股东的信”中提到，只有客户资产才是星巴克扩张的基石。无论从选址、客户体验塑造还是客户数字化管理，星巴克都是围绕锁定客户的策略来操作的，舒尔茨反复说，星巴克要把忠诚度管理上升到第一战略高度。

我们看看星巴克是如何来构建“锁定客户”这根成长底线的。星巴克于 2001 年在美国市场推出礼品卡，然后把此项业务向成熟的市场复制。在推出礼品卡之前，星巴克请咨询公司做了一项市场战略调查，发现美国市场每年存在价值 1 000 亿美元的各种类型的礼品卡，而 93% 的美国人购买过或者使用过礼品卡，平均消费达到 213 美元 / 年。既然星巴克在品牌层面已经获得了消费者的青睐，那为什么不把这种与消费者之间健康的品牌关系，运作成一种战略资产呢？消费品行业的企业在终端最后一刻的竞争极易陷入红海，换句话说，假如早上 9 点，消费者在上班前买一杯咖啡，选择品牌的依据可能是习惯，可能是优惠券，也可能是离办公楼的远近。但是一旦被“锁销”，这个战场就从终端的红海移到了客户经营上。

星巴克是最先推出礼品卡的公司之一。礼品卡设计的初衷是希望增加星巴克的社交性，让消费者把星巴克卡作为礼品赠送给亲朋好友。然而数据反馈显示，只有约 25% 的客户买这张卡是为了赠送，大多数客户是高频客户，他们认为这种卡能够节省结账的时间。在这个洞察下，星巴克果断调整策略，把礼品卡与这批忠诚客户的个人信息进行了关联。以前星巴克把咖啡卖给消费者，但是具体卖给了谁，这些人在哪儿，怎么联系，这是星巴克所不知道的，用现在新零售的话叫作“人—货—场”没有打通。但是一旦把卡与客户关联，星巴克就知道了哪些人是它的超级用户，它的成长底线到底有多长多宽。而且星巴克为这些客户解决了一个痛点：如果客户把卡弄丢，星巴克可以进行补款，这一特点满足了高频客户对于金钱损失的担忧。星巴克把这些策略复制到全球，仅 2015 年全年，就销售了 50 亿美元的礼品卡，这已经占到了星巴克全年销售额的近 1/4，换句话讲，这批忠诚客户可以为星巴克一年 1/4 的销量托底。2017 年 1 月，星巴克宣布其推出的存储礼品卡和移动应用中流通的现金已经超过 12 亿美元。这个留存的现金超过了绝大多数银行，占到了美国版的支付宝 Paypal 留存现金的 1/9。这种预付费业务一方面建立了客户转换成本，另一方面大额的现金流可以帮助企业建立健康稳定的业务基石，还可以用这些沉淀资金进行其他维度的扩张。

2009 年星巴克就已推出移动支付，移动支付使得星巴克与忠诚客户的联结更紧密。消费者无须掏出自己的礼品卡，只要下载星巴克的移动应用就可以进行支付，消费者的信息实现了数字化。2011 年，消费者可以通过关联信用卡等多种支付方式在移动应用中预存一定量的金额，以移动钱包为应用主体的星巴克 App 也已经趋于稳定。消费者可以通过移动应用查询到积分和存款，而不再需要通过访问某个独立的网站（Starbucks Account），星巴克与消费者关系的联结更加紧密。在 2016 年投资者大会上，星巴克推出“Digital Flywheel”战略，将未来消费者体验的核心放在奖励（Rewards）、定制化（Personalization）、支付（Payment）、订购（Ordering）四个方面。可以说，忠诚客户战略是星巴克成长底线的核心。

如何设计成长底线

既然成长底线如此重要，那么企业家和高管应该如何设计成长底线呢？在这里，我提出成长底线设计的三条原则，分别是：占领所在行业的战略咽喉、挖掘业务护城河和构建客户基石资产。

成长底线设计原则一：占领所在行业的战略咽喉

首先，我想提出一个原有的竞争战略中没有的概念——战略咽喉。找到战略咽喉是构建成长底线的第一条原则。如果我们能从企业的战略实现、战略控制中找出一个关键环节，一旦企业掌控了这个环节，事情就能产生质的变化，哪怕其他布局效率滞后也不会产生大的影响，这个环节就是“战略咽喉”，或者可以将其比喻为“蛇七寸”[①]。

我举一个关于“战略咽喉”的例子。在美国亚利桑那

① 清·王有光《吴下谚联·打蛇打在七寸》：“蛇有七寸，在头之下，腹之上，觑得清，击得重，制其要害之处，得之矣。”比喻说话做事要抓关键环节。——编者注

州克罗拉多大峡谷，居住着一群印第安人。2005 年之前，这些印第安人主要靠着在大峡谷中唱歌、跳舞等为生。而 2005 年，印第安人突然想到：只要在这个观光风景最好的地方设一个关卡，收取门票，就再也不用辛苦地跳舞唱歌了。后来印第安人开始实施这个计划，建造了今天著名的大峡谷“天空步道”，门票价 27 美元，平均每天能接待 10 000 名游客，于是他们有了源源不断的收入。印第安人把握住了大峡谷观景的“战略咽喉”，实现了对以前业务模式的颠覆。

从“战略咽喉”这个概念来看，我们就能非常好地理解为何一些互联网企业的估值用“市梦率”[①]来表示了，能够理解百度为何执意要花 19 亿美元收购 91 助手，能够理解当年 360 与腾讯端口之战背后的意图，也能够理解腾讯今天的市值。从“战略咽喉”去看业务的成长底线，你就明白只要你掌控行业中的一些关键环节，你的业务就可以顺利地展开，并取得良好的发展。

在前互联网时代，商业的战略咽喉主要体现在对线下的控制上，最典型的就是零售流通巨头，它们以客户流量

① 市梦率，由市盈率衍化而来，当一个企业股票的市盈率高得离谱的时候，就可以说是“梦”了，这就是市梦率。——编者注

来“挟持”供应商，沃尔玛、苏宁、国美都是这个时代的产物。这些大型渠道商拥有大量消费者，而供应商若想接触到消费者资源，就不得不经受渠道商的盘剥，甚至渠道商会拿着供应商的钱跑马圈地，或者以现金流进行其他投资性业务，这就是我们常常提到的“类金融”模式，因为它们控制了“人流”。

而“战略咽喉”往往会随着客户流规模的变化而转移。在PC互联网时代，由于信息的不对称性降低，厂家在网上直接销售商品，最开始由于“人流”规模的限制，难以对线下产生根本性的冲击。而随着淘宝、京东这些电子商务企业的诞生与迅猛发展，人流从线下转移到了线上。人流聚合点的电子商务平台掌握了“战略咽喉”，这也是近年京东、阿里巴巴能够在美国IPO（首次公开募股）的原因。而随着移动互联网的迅猛发展，线上流量规模超越了PC互联网时代，尤其是移动互联作为“人联网”的本质显现出来，“战略咽喉”的争夺不仅体现在流量的入口与流量的规模，还体现在与消费者联结的时间——谁占领了消费者的时间，谁就相当于成了消费者器官的一部分，所以此时微信的价值得以凸显，就是基于它对消费者时间的占领而实现的。用更长远的眼光看未来，万物互联将使“战略咽喉”再一次更替，比如互联网冰箱。目前已有公司能让互联网冰箱依据冰箱内的食物情况帮助人们来购买新的食物，对过期食物进行报警。万物互联的实现，将使人类社会进入一个全智能时代，“连接+智能运算”可以释放出更大的价值。

每个行业都有自身的“战略咽喉”。我们以大数据行业为例，这个行业中有一个核心的“战略咽喉”就是数据源的获取，如果缺乏对数据源的控制，后面的数据分析将是空中楼阁。如果说从事大数据是挖矿，那么数据源就是矿藏本身，所以从事大数据行业的人都知道，有数据源的公司是好公司，是有卓越价值基础的公司，比如大数据行业的创新型公司 TalkingData①。

TalkingData 最开始专注于提供对移动应用产品数据的基础统计分析的产品与服务，成为专门针对开发者的服务平台，其 App Analytics（移动应用统计分析）于 2012 年 4 月正式上线。这是一款服务于移动应用软件公司的数据统计分析平台，主要功能是满足移动应用的日常管理与运营方面所需的数据统计和分析以及渠道评估等需求。这个时

① TalkingData 即北京腾云天下科技有限公司，成立于 2011 年，是国内领先的第三方数据智能服务商。——编者注

候 TalkingData 的模式比较简单，其整体运作如图 3–2 所示，这也是 TalkingData 1.0 模式。

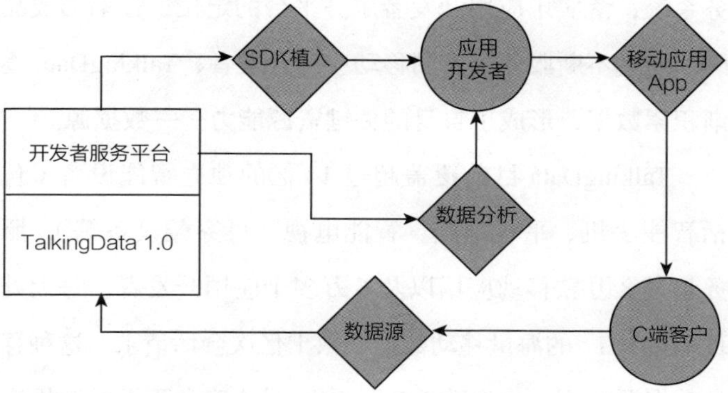

图 3–2　TalkingData 1.0 模式

许多移动应用开发者没有开发移动分析 SDK（Software Development Kit，即软件开发工具包）的能力，导致无法通过自己的渠道获取有关移动应用的数据信息，从而无法判断 App 的运营情况，并及时改善产品。TalkingData 针对这一用户痛点，开发出了可以方便植入其他移动应用的移动分析 SDK。移动应用开发者付费后，可以实时获取由 TalkingData SDK 收集的应用使用者（也就是 C 端客户）的详细统计信息以及 TalkingData 提供的数据分析结果。TalkingData 掌握这一关键资源能力后，建立了与应用开发者间的交易结构，构建了以提供产品服务进行收费的盈利模式和 B2B2C（企业到企业到消费者）的业务系统，落实了应用开发者服务平台的定位，逐渐形成品牌。通过不断服务于不同移动应用开发者，TalkingData 逐渐积累数据，形成了自身的关键资源能力——数据源。

TalkingData 目前覆盖超过 14 亿的独立智能设备（包括智能手机、平板电脑、智能电视、可穿戴设备等），服务超过 8 万款移动应用以及 6 万多个应用开发者，每天处理超过 10T① 的海量移动数据、数十亿次会话请求。这种移动数据源的积累，帮助 TalkingData 进入产业下游的数据咨询、DMP（数据管理平台）服务、移动广告监测、游戏运营分析等多个领域。如果说后面涉入的业务是 TalkingData 的增长线，那 SDK 业务就是它的成长底线，只有把这个业务不断巩固好，才有后续业务展开的基础，而这个数据源也成为移动大数据行业的“战略咽喉”之一。

钻石行业的战略咽喉是矿石，所以戴比尔斯② 的战略

① T 即 TB，计算机存储单位之一，1TB=1024GB，1GB=1024MB，1MB=1024KB，1KB=1024B。——编者注

② 戴比尔斯，即 DE BEERS，是全球最大的钻石开采公司，总部位于南非。其经典广告词是“钻石恒久远，一颗永留传”。——编者注

是不断控制非洲的矿山；房地产行业的“战略咽喉”根本不是终端营销，而是如何用更高效的手段拿到土地；而在10年前乃至15年前，中国家电、快消品的“战略咽喉”在渠道，所以那个时候用深度分销经营的企业都能获得好业绩。只是“战略咽喉”会随时代的变化而变化，如果你能够抓住你所处行业的“战略咽喉”，那你就可以和前面故事中大峡谷边的印第安人一样，构建出自己的“天空之桥”，拥有坚实的成长底线。

成长底线设计原则二：挖掘业务护城河

上文提到，好的公司，是能够“构建持续交易基础”的公司。如果我们继续展开“好公司”这个话题，就会自然过渡到挖掘好公司的不同判定维度。善于挖出好公司的人，首推沃伦·巴菲特。从当初投资可口可乐、皮鞋厂，到进军美国运通信用卡，从把大量资金注入铁路、航空、加油站等运输行业，到投资苹果等高科技公司，巴菲特的伯克希尔–哈撒韦公司在63年的投资历史中年均回报率达20.9%。

1999年，美国《财富》杂志刊登了一篇著名的文章，作者就是沃伦·巴菲特。他在文章中写道："投资的关键在于确定一家指定公司的竞争优势，尤为重要的是，确定这种优势的持续期。被宽阔、川流不息的护城河所保护的产品或服务能为投资者带来丰厚的回报。"在这两句话中，巴菲特把他投资秘诀的核心指向了"护城河"。

那什么是巴菲特的"护城河"，又如何构建"护城河"呢？按照巴菲特的逻辑，如他《滚雪球》[①]中所总结的成功秘诀：人生就像滚雪球，重要的是发现很湿的雪和很长的坡。这个雪球就是好的企业和业务，这个坡就是成长底线，要足够长，也要足够坚实。巴菲特认为，寻找到那些拥有可持续竞争优势公司的关键，就是看它们有没有经济护城河。经济护城河是企业能够常年保持竞争优势的结构性特征，是其竞争对手难以复制的品质。换句话说，拥有护城河的公司，就是有坚实的成长底线的公司。

为了把自己的理念说清楚，巴菲特抛出一个与往常看法不一样的洞见，他说："在我的经历中，最常见的虚假护城河是优质产品、高市场份额、有效执行和卓越管理。"看到这里，很多读者可能会反思，为什么我们喜闻乐见的

---

① 《滚雪球》由中信出版社于 2009 年 1 月出版。——编者注

执行、管理，成了巴菲特口中虚假的护城河？举一个例子便知。诺基亚曾经为自己在移动手机行业长期拥有巨大的市场份额而沾沾自喜，然而2007年苹果推出iPhone手机后，诺基亚的手机帝国几乎瞬间就分崩离析了。同样的，锐步也曾经是体育用品行业卓越的产品型公司，在20世纪90年代，锐步的Pump篮球鞋风靡全球，凭借独特的充气技术，Pump系列风光无限，更是对运动鞋霸主耐克形成了挑战。在锐步的巅峰时期，NBA（美国职业篮球联赛）有超过100名职业运动员穿Pump，大鲨鱼奥尼尔也是它的粉丝。可锐步还是在2006年以38亿美元的价格卖给了阿迪达斯。所以，运营卓越的公司，不等于就有成长底线，更不等于有护城河。经济护城河必定是由公司本身所拥有的结构化因素构建出来的，是能够凭借业务能力及其所在行业的结构维护其高额利润的。换句话讲，卓越管理虽然能够加固经济护城河，但是管理本身不是护城河的根基。

现实中，有护城河的企业就是有坚实的成长底线的企业。当我们讨论增长时，首先就要讨论守住企业的利润区，否则增长越快，风险越高。《孙子兵法》讲“先胜后战”，企业敢在增长上做加法、做乘法，首先是因为有守得住的底线利润区，这就是为什么我把成长底线作为增长五线中的基础线。我曾拜访一家垄断公司，它的负责人告诉我他的公司仅上海地区一个月的营收就近200亿元，我笑了笑，回应说："这并不是因为你们有多卓越，而是你们拥有一条宽广的护城河。"这条护城河包括垄断牌照、新建线路需要投入的巨大成本，这些保证了此公司的高收益率。这就是护城河的力量，它是一条最坚实的成长底线，用日本剑客宫本武藏[①]的话就是"未求胜，先立于不败"。护城河的形成有四大来源，分别是：无形资产、转换成本、成本优势、网络效应。

无形资产包括品牌、专利或者政府牌照。先说品牌护城河，如果品牌能够促使顾客的支付意愿上升以及顾客忠诚度提高，这个品牌就在公司利润周围构建了一条护城河。具备护城河价值的品牌能让企业拥有定价能力、可复制的商业模式以及可持续的利润。比如历史悠久的品牌会比频繁变动的品牌具有更长久的生命力。就如可口可乐与百事可乐，可口可乐在几十年中培养出一批超级忠诚的客户，所以百事只能诉求"新一代的选择"。更恰当的例子

① 宫本武藏（1584—1645年），日本战国末期至江户时代初期的剑术家、兵法家、艺术家，在日本有巨大影响力。——编者注

可能是苹果公司。在给 EMBA（高级管理人员工商管理硕士）上课时，我问学员是否消费过苹果公司的产品，举手的人达到 100%，连续每年购买的学员达到 75%。从这个数据可以看到，苹果这个品牌在高端客户心目中的巨大影响力，苹果手机的利润占据手机行业利润的一半以上也就不足为奇了。

无形资产也包括专利。尽管不是所有的专利都可以作为护城河为企业保驾护航，但是如果企业的主要产品受到专利的保护，避免对手复制，企业也可以在一段时间内拥有护城河。比如在 2018 年的一部国产影片《我不是药神》中，药物“格列宁”就是受到专利保护的，所以生产它的企业有定价权，存在竞争壁垒。在现实世界，法国的医药企业赛诺菲集团得益于专利保护，能够在长时间内收取溢价，尤其在胰岛素及罕见病生物药市场，避免了竞争对手的进入。

无形资产还包括监管或政府牌照。如果政府的规章制度使得竞争对手不可能进入市场，那你的企业几乎就成了垄断企业，监管形成的这条护城河产生的利润非常丰厚。比如中国市场对赌场只发放了 6 张运营牌照，且被限制在澳门地区，而东南亚的新加坡只发放了两张牌照。所以，在亚洲经营赌场的公司，相较其他地区的赌场，就有更深的护城河。

护城河的第二项来源是转换成本。为了保障你公司的成长底线，你是否可以设法提高客户的转换成本？比如，我现在是联通的10年老用户了，我在上海的家接收联通的信号就非常不好，因此，我对联通非常不满意，也投诉了很多年。虽然问题依然未得到解决，但我还是没有换成其他运营商，原因就是这么多年我的社交资源都是通过这个号码来实现的，如果换号码就会有巨大的转换成本。所谓转换成本，就是客户从某一厂家或者供应商转到另一厂家或供应商可能需要承担的费用支出。高转换成本为公司带来了护城河。

苹果公司也是成功设置转换成本的典型公司。苹果公司凭借iOS平台，构建其各式各样的转换成本，比如用户会从iTunes（苹果的一款数字媒体播放程序）上购买电影、电视节目和各种App，如果更换安卓手机，这些数据资产就不能使用，这样客户就会付出高额的转换成本。不仅如此，如果用户每增加一台苹果设备，转换成本还会进一步提高。

最后两个来源是成本优势和网络效应。公司要发展规模，很多情况下是因为规模大了能降低成本，以低成本进行扩张。成本优势也是 20 世纪 70 年代波士顿咨询公司帮助企业构建竞争力的有力武器。它是指在与同行的竞争中，首先不考量利润，而是把规模做起来，规模大了后，企业能获得经验曲线和学习曲线的红利，从而获得降低成本、提升价格竞争力的优势。中国企业 TCL、格兰仕就是使用这个模式的典型代表。而网络效应指的是越来越多的用户使用某种产品和服务所带来的价值扩散。脸书就是典型的网络效应受益者：随着用户与更多朋友的联结，用户可以访问更多的内容，与更多的人交谈，脸书形成的壁垒就更高。10 年前脸书的工程师把全世界同时在线的用户标注出来，聚合在一起，几乎等同于整个世界地图。又比如打车应用滴滴，它的用户具有双边网络属性：乘客与司机。滴滴的乘客越多，司机接单的概率就越大，同时使用滴滴的司机越多，乘客的等待时间就越短，乘车费用越低，也反向推动更多的乘客加入。网络效应会让客户价值随着网络本身的节点指数增长，因此，具有网络效应的公司，客户不容易流失。

如果你拥有一条或多条护城河，成长底线当然也就坚固无比。拥有护城河固然重要，但守护好护城河更为重要。我们以茅台为例。茅台的护城河是茅台的品牌价值，为了巩固这个护城河，茅台一方面把自己做到“稀缺”，每年提价，另一方面构建茅台防伪溯源系统和打假系统。茅台的 RFID（射频识别技术）溯源体系是在产品上粘贴 RFID 电子标签，这个标签里会存储每一瓶茅台酒的完整生命周期信息，包括从原料种植、生产酿造到流通消费的全过程，因此，消费者、生产者以及监管部门，都可以通过这个标签对其产品进行溯源查验，真正实现了每一瓶酒“来源可查、去向可追、责任可究、真伪可辨”。虽然溯源体系的构建耗资巨大，但是 RFID 溯源体系具有不可复制、难以仿造、操作简单、易于识别的特点，极大地提高了茅台的防伪、防造假的能力，为不断完善茅台的品牌护城河提供了强有力的保障。

成长底线设计原则三：构建客户基石资产

成长底线设计的第三条原则是构建客户基石资产。客户基石资产就是与你长期合作、交易的客户数量，以及这些客户能为你创造的终身价值。我曾担任一家 B2B（企业对企业）公司的增长顾问。有一次开高管会议之前，我让助理把这家公司近 3 年的合同，按照金额、客户类别以及其他特点做了一个统计分析，得到的结论让该公司 CEO 震惊：原来这家以大客户解决方案著称的公司，与其持续交易 3 年的客户不到 19%，而且随着时间的推移，客户黏性指数呈阶梯状下降趋势。这说明该公司看起来业务增长不错，但其实背后的基石一击即碎，过去的增长大部分依靠的是行业增长的红利，如果行业发展放缓，以这样脆弱的客户基础，公司业务随时会被竞争对手吞下。

用同样的视角来审视航空公司。10 年前我看航空公司的年报时，在中国很少有盈利的航空公司，而现今则不一样，航空公司开始盈利，乘客的基数越来越大，甚至某些时候我发现在航空候机楼的人数超过了高铁站的人数。那什么是航空公司坚实的成长底线呢？是常旅客户。而今航空公司与航空公司之间的竞争，实质上已经变成了吸引和保留常旅客户的竞争。

我们有时候会把最忠诚的客户叫作超级客户，他们是在某一段时间内愿意持续消费企业产品或服务的客户，是企业的忠诚粉丝。这群客户对于企业的产品和服务有极高的拥护度，甚至变成企业产品和服务在社交媒体上的传播者。而他们的一个典型特点是会为获得产品和服务购买会员卡或者储值卡，这样，企业就能提前锁定他们在未来某个时间周期的消费行为。这种建立壁垒的“锁定效应”，是企业最喜欢的模式，相当于未提供产品或服务前，先收取费用，而且竞争对手很难抢走这批客户群。在今天这个流量红利被瓜分完毕，已经形成既定格局的情境下，企业开始由流量思维往客户资产思维转型，留存客户显得尤其重要。而超级用户，由于存在“锁定效应”，一旦形成规模，就能帮助企业建立增长的成长底线。

为了培养和积累超级用户，饿了么打造了严密精细的超级会员优惠体系，利用专属特权服务于这一群超级会员。这些专属特权包括：累积奖励金可兑换无门槛券，每月赠送 4 张分日期无门槛券，一次订购多月可享有价格优惠等。尤其是饿了么与优酷、天猫、虾米等阿里巴巴系产品会员体系打包销售后，超级会员的充值数量急剧增加了 14%。一系列强化超级用户的运营手段，逐步将高价值用户牢牢地圈在饿了么的平台上。超级用户的价值是非常显著的。相关数据显示，在饿了么的用户中，超级会员在下单频次上是普通用户的 2.3 倍；超级会员消费的意愿涉及更多的品类。他们用户黏性大，消费能力强，对饿了么推出的新品接受度也更高。

互联网公司用超级用户来做留存与利润区，而传统零售企业则可用其来实施“新零售战略”，打通“货—场—人”的孤岛。2017 年底，在西贝甄选新版页面上线的同时，其推出了价值 299 元的 VIP（重要人物）会员卡。VIP 会员的特权包括三个部分：门店特权、甄选特权、服务特选。其中，门店特权包括菜品折扣、生日礼品、消费积分兑换；甄选特权包括商城限时特价和专项商品，其中限时特价折扣最高可达 5 折，单品优惠最高达 100 元以上；服务特选提供各类特色互动活动，如喜悦读书会、亲子莜面体验等。

VIP 会员卡的推出为西贝带来了很多好处。第一，会员费用直接纳入西贝的利润，VIP 会员越多，获得的纯利润越高。第二，提高了员工的收入。成功销售 VIP 会员卡的员工有销售提成，这激励了一线员工的积极性。对于销售业绩突出的员工，公司还有额外的奖励。第三，提高了核心客户的忠诚度。VIP 会员能享受优惠的价格，体验独特的活动，有利于提高客户的忠诚度。第四，可以建立西贝的生态体系。西贝利用 VIP 会员制度将这批最忠诚的顾客纳入自己的生态体系之中。门店的顾客通过办理 VIP 会员卡，可接触到甄选商城，同时甄选商城的一些商品在销售时会附赠门店抵用券，线上线下互利互惠。甄选商城的部分商品放到门店中销售，使西贝不仅成为吃饭的地方，还可以买到相关的商品。VIP 会员的各种附加价值提高了核心顾客对西贝甄选的使用率与点击率，从而提高顾客的信赖与依赖，让顾客觉得西贝不仅仅是一家餐饮公司，还是高品质生活的提供者。

在增量市场转向存量市场的过程中，行业增长的诉求会从用户数量的增加转变为对每个用户价值的获取上。因此，运营好超级用户，提升超级用户的价值才是存量市场中的增长重点，更是每个 CEO 需要转变的市场战略思维。

读完本章，请你思考一下，该如何锁定你的公司的成长底线？你占据了行业的战略咽喉吗？你设计出业务的护城河了吗？你构建出客户基石资产了吗？

本章小结

- 成长底线堪称企业发展的生命线，这条线起码起到一个极其重要的作用，即保护基础业务，为企业向其他地方扩张提供基础的养分。
- 成长底线是企业获得健康稳定发展的一条增长线。
- 拥有了成长底线的公司，就具备了一定的定价权，也才能具备多业务扩张的选择。
- 成长底线设计的三条原则包括：占据所在行业的战略咽喉、挖掘业务护城河、构建客户基石资产。
- 战略咽喉是企业实现战略控制的最关键环节，布局战略咽喉相当于“打蛇打七寸”。
- 护城河是持续性竞争优势的来源。虚假的护城河包括产品、高市场份额和卓越管理。护城河来源于无形资产、转换成本、成本优势和网络效应。
- 客户资产也是构建成长底线的重要来源。客户基石资产，即与企业长期交易的客户数量以及这些客户能为企业创造的终身价值。忠诚度管理、超级会员、锁销都是构建客户基石资产的重要策略。

第四章

增长线：构建企业的动态增长地图

不落实到增长的营销和战略，就不是好营销，不是好战略。

——伦敦商学院教授兼塔塔集团行政总裁
尼尔玛利亚·库马尔

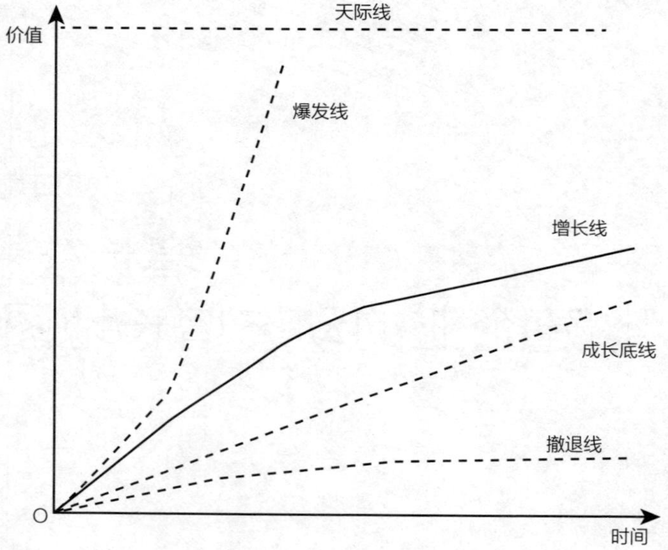

图 4–1　企业增长五线之增长线

增长线：企业的比利牛斯地图集

有一年，因华为公司分管营销的高管看了我的《数字时代的营销战略》，所以，他非常热情地邀请我参与到华为数字营销体系的构建中。在我们讨论正酣时，他问我："王顾问，您想知道未来华为的市场战略如何设计吗？"我听后笑了笑，从电脑中调出一张像电路板又像多维受力图一样的 PPT（演示文稿）。这张图就是当年美军攻打阿富汗的整体作战地图，它和传统的战略规划不一样。这张作战地图不仅显示每个战略点，还包括每个战略点可能受到的影响因素，以及在每一种影响因素下，美军的反击策略。这张作战地图是动态、情景化的，又如数学分析题一样可以穷尽所有的解法。

华为的高管看到这张图后非常激动，因为我们之间的看法是不谋而合的！今天的管理学、战略学过分强调艺术性，而忽视了科学性。增长如何有效分解，如何变成可以有效执行的动作，如何做到在竞争对手回应下再一次发出有效、有力的攻击，这才是企业在日常市场竞争中要解决的核心问题。因此，企业家和高管手中需要握有一张地图。

朱武祥教授说，企业家应该少在自己的办公室中悬挂“难得糊涂”的字画，而应该挂上三张图。第一张图叫作企业所在行业的“产业生态图”，即企业有哪些利益相关者，包括整个产业链从上游到下游的所有环节，企业家反复看这张图，就可以找到产业的机会和竞争对手的破绽；第二张图叫作“企业的资源禀赋图”，比如企业积累了哪些资源、哪些能力，这些资源和能力是否得到充分利用，是否可以产生新的商业机会；第三张图叫作“企业的商业模式图”，商业模式是企业与利益相关者之间的交易结构，通过这张图，企业家能看清企业内部与外部到底在交易什么，怎么交易，以及如何提升交易。朱教授的这个说法可谓一针见血，企业家需要的战略，正是可以清晰描述、可以迭代升级、可以组合和分拆的战略。

其实我也从市场战略的维度提出过三张图，我常想，企业家也应该把这三张图放在案头。第一张是五力模型图，即通过迈克尔·波特的五力模型，找到影响企业盈利区的要素——是化解供应商的讨价还价能力，还是给潜在进入者设置壁垒；第二张是客户资源图，你有多少客户，这些客户资源能不能数据化，到底有多少客户资源在支撑你未来的增长，这会帮你找到成长底线；第三张图就是增长图，即企业要增长，可以从哪些维度来增长，我把这张图叫作增长蓝图，或者增长地图。

战略管理领域有一个著名的比利牛斯山地图的故事。在一次军事演习中，一支匈牙利侦察小组受年轻上尉的派遣深入阿尔卑斯山脉的崇山峻岭，却遭遇了暴风雪。恶劣的天气又加上正值夜晚，上尉与这支侦察小组失去了联系。第三天，就在上尉认为这支侦察小组可能已经全军覆没的时候，他们竟然回来了。原来，就在这支侦察小组穷途末路之际，一名士兵在自己的口袋中发现了一张地图，于是他们利用这张地图重新规划了行军路线，最终安全返回。可是事情的戏剧性不在这里。当年轻上尉把地图要过来，仔细看时，他们才发现这张地图根本不是阿尔卑斯山的地图，而是一张比利牛斯山的地图！

错误的地图都能起到作用，更不用说正确地图的制胜作用了。企业做增长规划，最重要的是如何设计这张“增长地图”上的增长线。所谓企业的增长线，是企业从现有资源和能力出发所能找到的一切业务增长点的总和。

如果说成长底线的核心在“守”，那么增长线的要诀就在于如何“攻”。增长线的设计只有一个目标，就是帮助公司找到可以走向未来的增长点。在展开对增长线的论述之前，我们先看一个奈飞（Netflix）的案例，看看这家成立 20 多年的互联网转型企业，是如何做增长线的。奈飞近年营业收入及增速如图 4–2 所示。

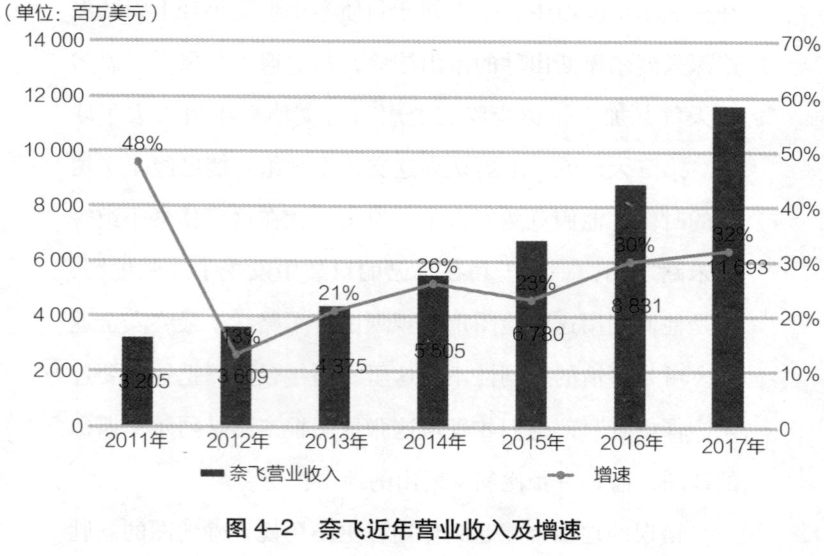

图 4–2 奈飞近年营业收入及增速

奈飞的发展史，就是一段不断挖掘自身业务增长点，并进行有效换道超车的增长史。

初创期。此时奈飞的主要业务是为消费者提供家庭影碟租赁，它采取“线上租赁 + 邮寄到家”模式，方便了消费者的选择。这种轻资产的线上运营方式有别于线下的影片租赁巨头 Blockbuster，不用设线下连锁店，扩张迅速。但是，这个时候奈飞采用的盈利模式是“单张光盘租赁费 + 运费”，差异化竞争优势并不大。

于是奈飞开始思考如何构建成长底线。它找到一群超级用户，这些用户的特质是高频，选择面广，而频繁的快递费、逾期费是这些客户的痛点，这样它就把单次的租赁变成了“可持续交易的基础”。于是，1999 年 9 月，奈飞推出会员制度，会员费为 19.95 美元 / 月，每次最多可租赁 4 张影碟，并推出了“没有到期日，没有高额的逾期费和递送费”（There are no due dates, no late fees and no shipping fees）的营销宣传口号，迅速发展了一大批会员，构建了奈飞的业务基石。

转型期。在这一时期，奈飞开始从“鼠标 + 水泥”模式[①]的早期互联网影片订阅服务向流媒体视频业务转型。2007年1月，奈飞推出“Watch Instantly”（即时观看）服务，彻底变成了一家互联网公司。在推出流媒体视频业务后，奈飞把视频业务核心的增长重点放在拓展分发渠道与用户体验完善上。之所以选择这两点作为增长突破口，最重要的原因是，从租赁影片到提供网络观看，奈飞需要改变消费者的行为习惯。而要想做到这点，它就要扩张分发渠道，先让消费者知晓它的新服务，同时，完善用户体验可以实现客户留存，这对奈飞早期业务的增长尤其关键。

奈飞这一时期的增长核心以渠道布局为主，战略意图非常明确，要使流媒体视频平台最大化触达消费者，把分发能力做到极致。渠道层面，2008年，奈飞与LG（韩国的一家集团）电子签订“Watch Instantly”扩展协议，将其传输软件内置进LG的一款机顶盒中。接下来它又迅速签下微软Xbox 360（微软的第二代家用游戏主机）。同年，奈飞推出自身研发的机顶盒Roku。Roku的推出以及奈飞与LG、微软合作模式的易复制性，使得奈飞的流媒体软件与播放器、机顶盒、电视机、电脑以及各种移动设备广

① “鼠标＋水泥”模式是指传统商业模式（水泥）与互联网商业模式（鼠标）的联姻。——编者注

泛联盟，在2008—2010年的3年时间内，奈飞植入200多种互联网可视设备，使消费者随时随地都可以感受到它的存在。

这一时期的另一个增长核心是内容。即使渠道资源丰富，但如果内容跟不上，消费者的消费行为也很难改变，所以，2008年奈飞开始囤积版权内容，与哥伦比亚广播公司和迪士尼达成电视节目传送协议，把这些公司的客户引流到奈飞，给他们提供一种新的选择，实现了所谓的“客户资产迁移”。同时，奈飞与星光娱乐公司签署3年期协议，奈飞可以播放星光Vongo在线电影中的2 500部电影。2010年10月，奈飞针对属于EPIX付费电视频道（派拉蒙影业、狮门及米高梅拥有的有线电视网）的新发行及库存影片签署了价值8亿美元、为期5年的许可协议。

2007—2011年，奈飞流媒体业务渠道及内容布局如表4–1所示。

同时奈飞在增长地图上布局国际化业务。从2010年开始，国际化业务已经拓展到155个国家。2010年9月，奈飞进入加拿大，2011年拓展到拉美和加勒比海地区，2012年登陆英国和爱尔兰，2012—2014年又相继开拓欧洲市场共计11个国家。2015年深入澳洲、亚洲。2016

年全年新增 130 个国家，业务遍及除个别管制国家之外的几乎所有国家和地区。奈飞国际化业务布局如图 4–3 所示。全球化战略拉动增长，该年新增的 1 900 万个注册用户中有 1 400 万来自海外市场，国际注册用户占比已高达 47%。

表 4-1　2007—2011 年奈飞流媒体业务渠道及内容布局

分　类	时　间（年 / 月）	布　局
渠道端	2007/1	推出“Watch Instantly”服务，初期仅供 PC 端
	2008/1	与 LG 电子签订扩展协议，将其传输软件纳入 LG 电子公司的一款机顶盒
	2008/5	推出由奈飞提供技术支持的自有机顶盒 Roku
	2008/12	“Watch Instantly”扩展至微软 Xbox 360
	2009/12	“Watch Instantly”扩展至索尼 PS3
	2010/12	“Watch Instantly”扩展至 iPad（苹果的平板电脑）、iPhone，the Nintendo Wii① 等 200 多种互联网设备
内容端	2008	与哥伦比亚广播公司及迪士尼达成了电视节目传送协议
	2008	与星光娱乐公司签署 3 年期协议
	2010/10	针对属于 EPIX 的新发行及库存影片签署了价值 8 亿美元、为期 5 年的许可协议

① 任天堂的一款家用电视游戏机。——编者注

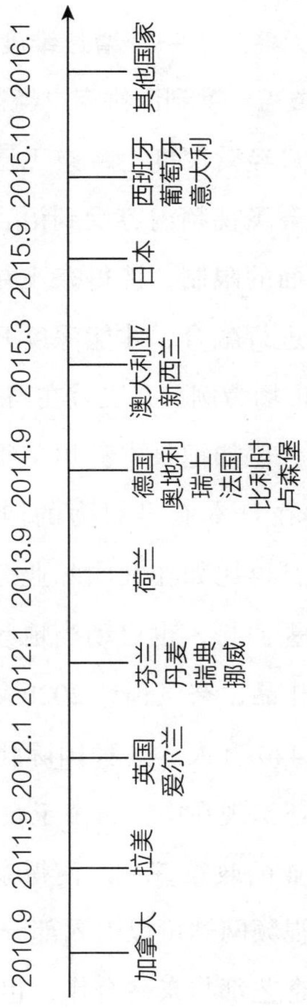

图 4-3 奈飞国际化业务布局

在增长维度上，奈飞过去3年在不断追求市场份额的扩张，从其所覆盖的155个国家的数据来看，已经接近饱和。所以，毫无疑问下一个增长维度在于如何精耕细作，从追求客户的覆盖广度到深耕客户经营的深度。

在深耕客户经营深度上，奈飞已将优质内容向本土化倾斜。由于奈飞视频内容受到语言、受众文化和支付系统等各个方面的限制，使得奈飞在国际化扩张中必须与本土化策略进行融合，才能深度开发区域市场的用户价值。以日本市场为例，奈飞就在当地购买畅销的IP（知识产权）资源，比如把日本芥川奖得奖作品《花火》拍成电视剧，用在日本有号召力的演员林遣都、波冈一喜等出任主演。再比如在其国际业务覆盖最多的两个国家——巴西和墨西哥，也启动当地频道，结合当地文化开发出视频流作品，奈飞预计2020年巴西一国的用户数就可以达到2 440万人。这种国际化扩张中的“本土化运作”的例子还出现在中国，由于政府部门的“限外令”造成了视频行业的政策壁垒，使得奈飞无法直接进入中国，但是国内视频网站可以引入部分外国的电视剧作品，比如腾讯、爱奇艺都与奈飞合作，包括《纸牌屋》《行尸走肉》《24小时》《绝望主妇》《英雄》等美剧的引入，这也让奈飞获益颇丰。

高速增长期。在分发渠道构建完成、消费者开始形成流媒体影片观看习惯后，奈飞开始进入 2011—2013 年的快速发展期。奈飞的增长策略很清晰，那就是“全面进军流媒体，丰富内容储备”，如果说转型期是在做业务试探，那么此时在内外部环境都成熟的情况下就转入进攻了。

2011 年 7 月 12 日，奈飞宣布将公司的服务拆分，也将公司拆分。在服务拆分上，原来用户只需支付 9.99 美元，就可以同时享有影碟租赁和不限时视频流点播两项服务，而分拆后用户每月只需支付 7.99 美元，但只可享有影碟租赁或者视频流点播服务中的一项，两项都选的话需支付 15.98 美元。这个策略的目的是进一步把线下消费的顾客往线上迁移。同时，奈飞把公司一分为二：一家是 Qwikster 公司，继续提供影碟租赁服务，另一家是提供流媒体视频服务的奈飞。服务和公司的拆分表明奈飞增长的“第二曲线”已经构建完成，开始全面向互联网流媒体服务商转型。

既然奈飞把自己定位为“互联网流媒体服务商”，它就要掌握这个行业的关键资源——内容，丰富的内容储备是这个行业凸显竞争优势的关键。一方面，奈飞不断购买版权，另一方面，它开始自制节目，形成与竞争对手根本性的差异。2011 年奈飞花费 1 亿美元购买《纸牌屋》版权。2012 年第一部自制剧《莉莉海默》的上线，表明其自制战略开始实施。这个时期，主要的内容提供还是以采购版权为主，2011 年奈飞分别与电影电视公司米拉麦克斯影业、福克斯、全球音乐电视台、哥伦比亚广播公司、环球影视以及梦工厂、迪士尼达成版权协议。根据 2016 年奈飞发布的数据，其可向用户提供 4 335 部电影和 1 197 部剧集。

奈飞的战略意图很清晰：争取在 HBO① 成为奈飞之前，先成为 HBO。为了区别于 HBO 的海量廉价电视节目资源，奈飞逐渐加大了对自制剧的投入。2013 年 2 月,《纸牌屋》的风靡为奈飞积累了大量用户，改变了用户观看习惯，这些又使奈飞可以用大数据来指导影视创作和分发，数据成了奈飞抵抗外界的新壁垒。奈飞开始以“客户 + 数据 + 内容”为核心快速增长，在内容上相继购买、推出了《女子监狱》《破产姐妹》《毒枭》《绝命毒师》《超感猎杀》《马男波杰克》《王冠》等优质剧集，并且原创内容不断增加，布局了一系列 IP，2016 年前 10 大最受欢迎网剧中有

① HBO 是美国一家有线电视网络媒体公司，母公司为时代华纳集团，其播出的《欲望都市》《权力的游戏》《兄弟连》等广受欢迎。——编者注

9 部出自奈飞自制剧。除了电视剧外，奈飞加大对电影、动漫的投资，目标是在 2019 年末实现原创内容与授权内容 5 ∶ 5 的配比。在这个阶段，奈飞一举转型成为“互联网流视频 + 原创 IP 内容商”，对标“YouTube+ 迪士尼”，市值冲到 1 000 亿美元。根据调研公司尼尔森公布的数据，2015 年第四季度，48% 的美国家庭至少订阅了一家流媒体视频服务平台，奈飞以 44% 的市场渗透率成为领军者，远远超越亚马逊 Prime（19%）和 Hulu（美国一家视频网站）（10%）的订阅户数百分比。

在增长策略上，奈飞在巨大的用户基础上，进行深度挖掘，比如提高视频的推荐效率和精准度，这样可以延长用户在奈飞平台上的时长，从管理产品过渡到管理客户的整体生命周期。至 2016 年，奈飞在全球积累了 6 500 万用户，每天总计观看时间达到 1 亿小时，其中 20% 是来自用户自主搜索，80% 的视频观看来自系统推荐。

提升客户体验是互联网公司留存客户的核心手段。奈飞不断提升网页的用户友好性，提升感知价值，利用大数据实现用户挖掘，多算法定义推荐系统，建立用户定制化内容库。为了提升用户观看时长，奈飞举办数据建模大奖赛“奈飞 Prize”来提高评分预测准确性，激发顶级互联网技术人员为奈飞献计献策。通过大数据预测客户行为，基于用户需求、预测直接指引内容自制方向，奈飞推出新的内容留存客户，比如开创了流媒体服务提供商跨界进行电视剧原创的先河。而在电视剧领域的投入之所以大获成功，是因为奈飞进行了“电视剧消费习惯数据库”分析，精确定位受众群众，并且将大数据贯穿包括制作、营销、发行在内的所有环节，比如演员的选择，故事情节应包括的元素等。奈飞已成为美国最佳原创内容的代表性平台之一。

图 4–4　奈飞市值变化

回顾奈飞近 10 年的增长线，其市值从 3 亿美元冲到 1 000 亿美元（见图 4–4），我们会发现它具有几个特点。第一，是节奏转换之道，在影碟租赁业务看到天花板时，迅速布局线上流媒体业务，当流媒体业务成熟时分拆原有影碟租赁业务，定位为“互联网流媒体服务商”后，与制作公司合作，购买视频版权，同时开始自己投资内容，内容试验成功后，又转型成为“互联网流视频 + 原创 IP 内容商”，并从美国本土扩张到拉美、欧洲、亚洲，再在扩张的市场中深化本土化经营，奈飞每一个增长节点都张弛有度。第二，从客户的获取与留存，再转变成客户资产，最开始实施会员制构建自己的成长底线，在 2007 年全面进攻线上后，不断扩张分发渠道，获取客户，然后用内容和客户体验留存客户，并激活客户资产，尤其是集中的数据资产，使得内容创造能够从量走向质。第三，好的增长正如下棋，谋全局才可谋一域，如果 CEO 只考虑 12 个月以内的事，只能说明公司成长底线还没有构建，也说明未来增长乏力。

我们可以把奈飞的增长路径，画成如图 4–5 所示的棋局图，我把它叫作增长地图，增长地图就是企业关于增长线的比利牛斯地图集。

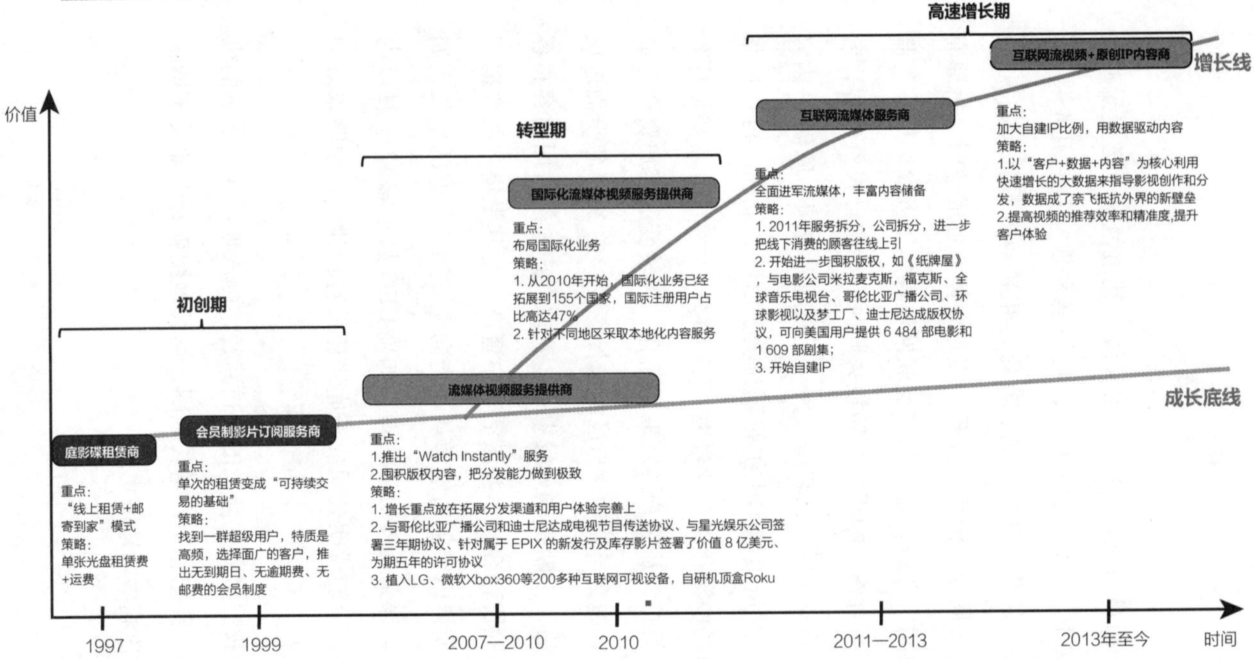

高速增长期
互联网流视频+原创IP内容商
增长线
价值
互联网流媒体服务商
重点：
加大自建IP比例，用数据驱动内容
策略：
1.以“客户+数据+内容”为核心利用快速增长的大数据来指导影视创作和分发，数据成了奈飞抵抗外界的新壁垒
2.提高视频的推荐效率和精准度,提升客户体验
转型期
重点：
全面进军流媒体，丰富内容储备
策略：
1. 2011年服务拆分，公司拆分，进一步把线下消费的顾客往线上引
2. 开始进一步囤积版权，如《纸牌屋》，与电影公司米拉麦克斯，福克斯、全球音乐电视台、哥伦比亚广播公司、环球影视以及梦工厂、迪士尼达成版权协议，可向美国用户提供 6 484 部电影和 1 609 部剧集；
3. 开始自建IP
国际化流媒体视频服务提供商
重点：
布局国际化业务
策略：
1. 从2010年开始，国际化业务已经拓展到155个国家，国际注册用户占比高达47%
2. 针对不同地区采取本地化内容服务
初创期
流媒体视频服务提供商
成长底线
会员制影片订阅服务商
庭影碟租赁商
重点：
1.推出“Watch Instantly”服务
2.囤积版权内容，把分发能力做到极致
策略：
1. 增长重点放在拓展分发渠道和用户体验完善上
2. 与哥伦比亚广播公司和迪士尼达成电视节目传送协议、与星光娱乐公司签署三年期协议、针对属于 EPIX 的新发行及库存影片签署了价值 8 亿美元、为期五年的许可协议
3. 植入LG、微软Xbox360等200多种互联网可视设备，自研机顶盒Roku
重点：
单次的租赁变成“可持续交易的基础”
策略：
找到一群超级用户，特质是高频，选择面广的客户，推出无到期日、无逾期费、无邮费的会员制度
重点：
“线上租赁+邮寄到家”模式
策略：
单张光盘租赁费+运费
1997
1999
2007—2010
2010
2011—2013
2013年至今
时间

图 4–5　奈飞增长地图

如何设计增长线

上文提及的增长地图就是要从市场的增长（而不是由卓越管理、运营和执行带来的增长）来设计增长线，并把这些增长线所展示的路径有效逻辑化。增长地图可以用一个公式来表达，即：

企业的增长地图 = 市场界面所有增长路径的系统集合 + 动态变化

一旦设计了增长地图，企业就能清晰地判断未来可以增长的方向，清点手中可以增长的底牌，以及预期在遭遇竞争对手模仿时可能选择的增长路径。

在一个瞬息万变的时代，战略规划似乎已经变成了“战略鬼话”，但是增长地图可以为企业提供动态环境下的增长策略安排。2018 年 1 月，优步（Uber）的 CEO 达拉·科斯罗萨西（Dara Khosrowshahi）表示，优步的下一个战略意图是成为全世界最大的外卖公司。为什么优步会选择这样的增长方向？因为这几年优步的网约车业务发展得并不是很顺利，但是在优步所有业务中有一个食品配送业务 Uber Eats 发展迅速。消费者用优步来点餐，优步利用自己的交通系统快速把外卖送给消费者。截至 2017 年底，在米兰、马德里和格勒诺布尔[①]等城市，Uber Eats 的营收已经高于优步打车业务。我们且不去评判这个增长方向的对错，我想让大家思考的问题是，如果今天你是优步的 CEO，你认为优步还有哪些增长路径呢？是不是只有这一条增长路径？

无独有偶，增长路径的选择也是中国企业普遍面临的问题。2017 年我被饿了么邀请参与讨论该企业的增长课题，其高管也提出要寻求公司增长路径的问题。

用结构化的逻辑设计增长地图

若我们来画饿了么的增长地图，想想看，饿了么要做增长，有哪些路径可以选择。

当时有人建议，饿了么应实施“定位战略”，通过定位占领消费者的心智，配合大规模的线上线下广告，提升市场份额。也有人说应该深耕渠道，在消费者聚集的地

① 格勒诺布尔，法国东南部城市，是阿尔卑斯山山区交通中心，著名的滑雪胜地，有“水之城”“欧洲的硅谷”之称。——编者注

方，模仿当年携程的做法，在终端拓客。还有人建议更换品牌代言人，在终端重塑一个新的饿了么品牌形象。众说纷纭！在会议的最后，我说，这些方法都有实现的可能性，但是又都非常碎片化，企业的增长应该形成一张增长地图。所谓增长地图，就是要穷尽企业所有可能增长的方向，且设计出这些路径相互的逻辑关系，当企业高层按照增长地图实施分解方案时，可以清晰地知道在哪个要点上进行投入，而当一条路径上的增长效果出现递减趋势时，或者有竞争对手开始模仿时，企业就可以选择切换到另一条路径。增长地图就相当于一份棋谱，企业可以选择合适的时机，进行路径切换。只有这样，所有的增长策略才能“可视化”，企业的增长路径才能形成一张正确的“比利牛斯山地图”。

于是，我和我的咨询助手们构建出饿了么的一张增长地图（见图 4–6）。

在这张增长地图上，左边是结构化增长，右边是战略性增长。结构化增长就是通过分拆指标，能够倒推这种做法可以带来增长，而战略性增长则相当于采取一个化学变化的方式，换上新武器去拉动增长。战略性增长的结果在先前是不可被量化的，但是一旦决策正确，会为企业带来

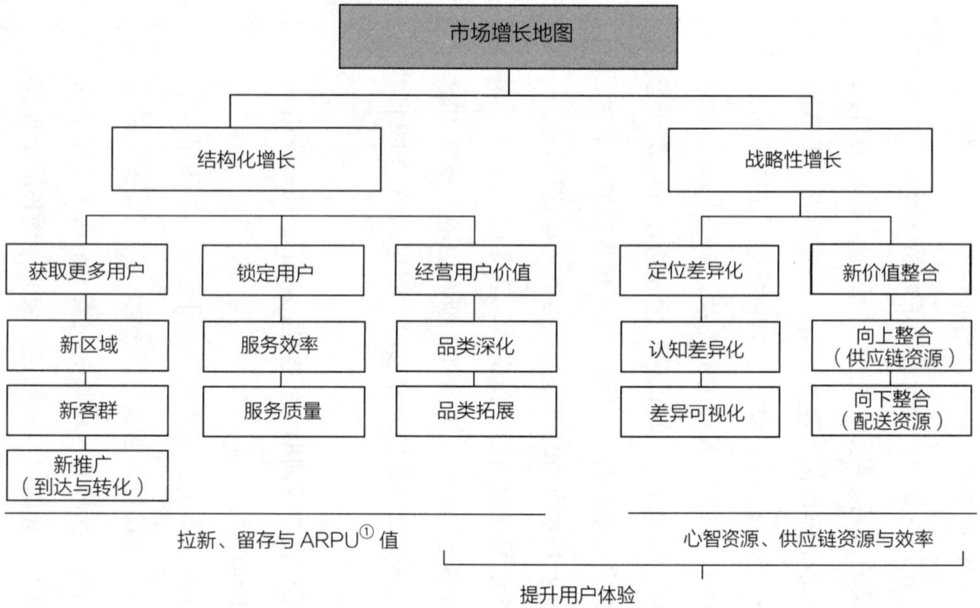

图 4–6　饿了么增长地图（咨询讨论建议）

① ARPU，即 Average Revenue Per User，每个用户的平均收入。ARPU 值注重的是一个时间段内运营商从每个用户身上所得到的利润，很明显，高端用户越多，ARPU 值越高。——编者注

具备长远意义的增长。

结构化增长的核心可以分解成3项要素，分别是“获取更多用户”、“锁定用户”以及“经营用户价值”，这3项之间是存在逻辑关系的。有一些企业把增长重点聚焦在“获取更多用户”上，在这个锚点下，就要进一步确定是占领新区域，还是拓展新客群。以网络外卖O2O市场为例，企业可以通过后台数据去分析用户画像，如中国哪些区域被覆盖，空白市场在什么地方，如果覆盖了一线市场，是否有可能将市场下沉去获得更多用户？所以，我们看到美团进入外卖O2O市场后，能够不断把市场下沉，三四线城市的用户数量迅速增长，就是受益于抓住了市场空白点，占领了新区域。企业还可以通过不同的细分手段来获得新的客群。通过大数据用户画像，我们可以看到饿了么早期的主流用户是在校大学生，这两年开始转向公司白领。在这种市场情境的转变下，对于新的细分客户群，需要采取的产品、渠道策略肯定不同，这些策略的调整能帮助公司“获取更多用户”。“获取更多用户”还可以采取新的推广手段，从原来的线下媒体投放到利用社交媒体的裂变实现增长，就像腾讯和众安保险就有这样一个合作，它们用腾讯大数据找到在线上买众安保险的用户，并通过用户在线上的社交关系，把产品和服务精准推送给周边具有同等偏好的用户，用社交媒体获取客户，实现裂变。

结构化增长的另一条增长路径是深度“锁定用户”。一般情况下，企业的增长伴随着更多用户的获取，但是很多公司一边在获取新用户，一边在不断流失老用户。所以“锁定用户”尤其重要，这就是设立“成长底线”中反复提到的要与客户“建立持续交易的基础”。如果饿了么选择从这条增长路径出发，就应该研究到底是哪些要素造成了用户流失，有没有很好的策略去锁定用户，提高用户的转换成本。基于此，饿了么实施了我们前面提到的“超级用户策略”。

还有一条增长路径是“经营用户价值”。这里的价值指的是顾客终身价值。顾客终身价值（Customer Lifetime Value）是每个消费者未来可能为企业带来的收益总和。如果从这条增长路径出发，饿了么可以把增长策略定义在“渗透用户的钱包份额”上。比如，以前某个细分客户群在饿了么的消费支出是每周100元，现在我们可以把增长点的突破放在如何把消费支出从100元提升到150元。在这条路径下，饿了么又可以延伸出很多支撑性的增长路径，比如大数据的精准营销会使产品更精准地匹配用户的需求；比如把原有的外卖产品进行品类深化与拓展，通过原有的物流配送系统嫁接到更多的服务，即从外卖食品延伸到外卖下午茶、药品、日常生活用品等领域。后来我们看到，饿了么和美团都设置了这个增长路径，在每个增长路径下，其实都会不断细分出更多增长点。

那战略性增长是什么？战略性增长主要包括差异化的定位增长和新价值整合增长。比如，提升品牌对消费者的吸引力，可称为“认知型”的差异化定位增长。它通过广告投入激发市场需求，改变公司的定位、品牌认知，以此来获得增长。所以饿了么 2017 年调整战略，不再把自己定义成一个外卖 O2O 公司或者是一个美食平台公司，而是定位成“30 分钟内可以覆盖的到家服务平台”（Make Everything 30 Minutes）。战略性增长还可以做价值链的整合，包括向上整合和向下整合。比如，要不要进入上游的供应环节，或者进入下游的配送物流环节，介入的价值链环节不同，企业自身的增长重心也会完全不同。我们现在看到美团开始利用数据和流量，投资一些线下零售品牌，阿里巴巴的天猫承包了美的、TCL 等 7 条产品线的生产，这些都是价值链环节的介入。如果我们把这些增长要素进行整合，可以完成一个整体的增长模型，全部指向 GMV[①]（网站成交金额）及整体销售额的提升。

我们可以看到，如图 4–7 一样，当把企业的每一条增长路径，以及每一条增长路径下的支撑路径、增长点设计出来后，就会形成企业增长线的所有集合，企业的增长地图也就形成了。

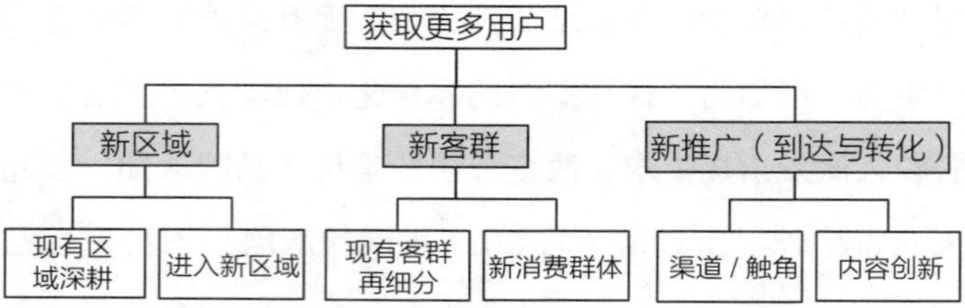

图 4–7 饿了么增长地图 – 获取更多用户

需要说明的是，企业并不一定也不必使用所有的增长路径，但是拥有这张增长地图，企业的整体作战地图会非常清晰完整。今天，商业环境的高度不确定性与竞争的互动化，意味着企业打出的每一张牌，竞争对手都会迅速回击。企业自身、竞争对手、客户需求这三者之间的高度互

① GMV，即 Gross Merchandise Volume，通常称为网站成交金额，是电商平台企业成交类指标，主要指拍下订单的金额，包含付款和未付款两部分。——编者注

动，要求企业家手上的底牌必须全景化、互动化，这也是增长地图和战略规划最大的一个区别，以市场战略为核心的增长地图，更讲究作战的整体逻辑，有竞争互动，有客户价值的增长！

再举一个B2B公司的案例。BIAD（北京市建筑设计研究院有限公司）是中国专注建筑设计业务的最大公司之一，我在为它规划市场层面的增长战略时，也是以增长地图作为出发点的。BIAD的增长地图（见图4–8）总体上有两条路径：结构化增长和创新型增长。我依据这个总路径再分解各个可能的增长点，并依据各个增长点上的经营数据，结合市场环境进行决策。在这张增长地图上（见图4–8），当时我们重点关注了如下增长决策。

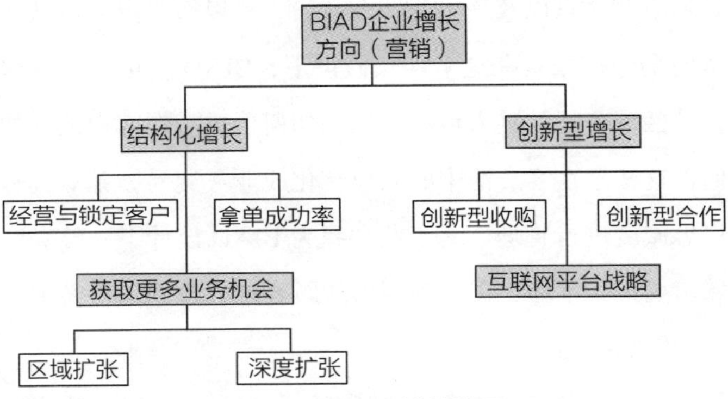

图4–8　BIAD增长地图

第一，经营与锁定客户。BIAD 与新中国同龄，长安街上大部分标志性建筑都出自其设计师之手，60 年来积累了大量的政府与央企客户，这些客户是其持续交易的基础。然而，通过数据分析发现，BIAD 与这些客户之间的关系并不牢固，BIAD 并没有有效管理这些常年合作的深度客户，因此，我提出要把增长重点从“经营项目”转移到“经营客户”上，设立大客户管理中心，对“客户钱包份额”（即 BIAD 占客户相应采购额的比例）进行渗透。

第二，获取更多业务机会。而“获取更多业务机会”这个增长点又可以再分解为“区域扩张”与“深度扩张”。通过数据分析我们发现，尽管 BIAD 作为中国本土顶级建筑设计公司，号称布局全中国，但是它的真正业务客户还是聚集在北京以及周边三四个省份，所以增长点可以从北京向全国扩张。在这个增长假设下，BIAD 就可以进一步设计区域市场的进入策略，比如如何形成潜在客户池，如何把这些潜在客户池中的客户转化成业务交易，并对其客户忠诚度进行管理。基于此，我为 BIAD 设计了一整套区域市场扩张策略，进而规划出从新客户吸收到留存管理的一套增长系统。

第三，拿单成功率。建筑设计公司是一类典型的 B2B

公司，B2B 营销和 B2C（企业对消费者）营销不一样，它是组织对组织的解决方案型销售。而根据我们的数据研究发现，在绝大多数 B2B 企业中，5% 的超级销售人员贡献了 95% 的销售订单，所以如果要增长，还有一条核心的路径，即如何把 5% 的超级销售明星的成功基因提取出来，复制到其他 95% 的业务人员身上，这也是一种增长思路，即通过基因复制提高拿单的成功率。

当然，还有创新型增长的路径。比如 BIAD 有没有可能去做外部收购来发展呢？对于建筑设计公司这种轻资产公司，客户资产是最大的资产，所以，如果有很好的模式吸纳客户，那么不用花费高额的收购代价，就能形成“杠杆性增长”。BIAD 还可以采取平台策略，模仿波士顿 HourlyNerd（一个按需兼职平台）的模式，把专业建筑设计师的业务全部放在一个平台上。所以，企业可以增长的路径很多，把所有的路径进行逻辑化、分解化、系统化，就形成了企业整体的增长地图。

如何分解是增长地图设计的关键。比如以 BIAD“获取更多业务机会”中的“区域扩张”为例，可以再往下分解成“国内市场”和“国际市场”。建筑设计行业的发展与中国城市化的发展息息相关，要想找到增长机会，就要把焦点放到城市化高速发展的区域，基于此，我当时给出的一个重要增长建议就是聚焦城市群和新区。

事实上，可以分解的增长机会点很多，但更重要的是把这些机会点有效地连接成一张地图。当增长地图设计完成之后，企业未必布局所有的增长路径，而是可能在若干个周期中去锁定其中的一个或一些增长路径，然后依据竞争环境的变化，动态选择布局增长点。因此，增长地图的设计是构建“好增长”的第一步。

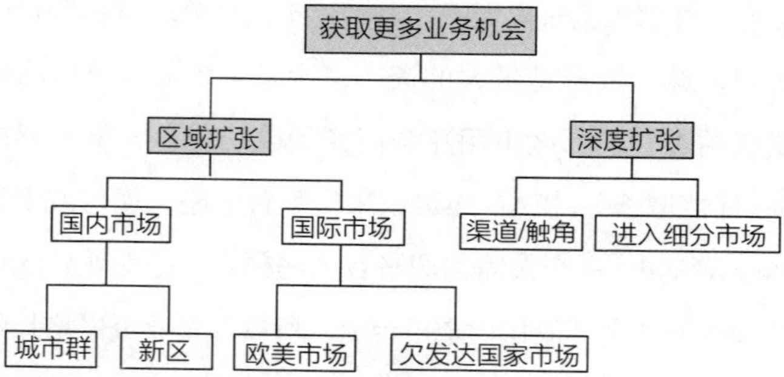

图 4–9 BIAD 增长地图 – 获取更多业务机会

用问题树的方式设计增长地图

上面讨论的两个案例，都是用增长目标的方式，形成增长路径，再把增长路径分解成增长点，然后把所有的增长路径、增长点汇聚成企业的增长地图。除了这种思维模式之外，还有没有设计增长地图的其他方法呢？我下面举一个亲自实践的案例，用以说明使用问题树的思维方式也能设计增长地图。

龙腾出行目前是一个全球化的智能出行服务平台，专注于机场与高铁站商圈的消费服务，通过智能场景服务与移动互联网技术全面提升用户的出行体验。在业务上，龙腾出行提供机场、高铁的贵宾休息室服务，机场、高铁餐饮优惠，同时提供快速安检通道、礼宾车接送、要客通道等机场、高铁站服务资源，为用户提供一站式便捷出行服务。除了国内的业务，龙腾出行也在英国曼城和新加坡分别设立了欧洲和亚太业务中心，打造出一支国际化、多元化的专业团队。龙腾出行于 2016 年正式挂牌新三板。

2010 年，龙腾出行的核心业务为机场高端出行服务，它将分散在各机场、高铁站的休息室资源通过商业信息交易平台形成服务网络，推广给机构与个人客户群体。当时，机构客户是龙腾出行最重要的用户，这些机构客户包括国内外银行、保险公司及其他大型企业机构（这里统称为 B 端客户），龙腾出行为这些 B 端客户的高价值客户以专属龙腾卡的方式配置权益。B端客户采购龙腾卡，主要是为它们的高价值客户提供增值服务。它们首先购买龙腾卡会籍及平台的出行产品，包括一定次数的机场贵宾休息室服务、机场接送礼宾车服务，然后按照会员级别把这些权益免费配置给高价值客户，以提高这些高价值客户的黏性。除了机构客户外，龙腾出行还有少量终端个人客户。

2010年，龙腾出行的销售模式以直销为主，分销为辅。在直销模式下，首先，龙腾出行主要通过广州、北京、上海的销售团队寻找银行、保险公司，并与它们签订销售合作协议，提供B端客户的增值服务；然后，按照实际服务使用情况及协议单价与供应商定期结算，这些供应商包括机场、航空公司，它们把闲置的贵宾休息室资源对接给龙腾出行，并按次结算。龙腾出行构建出全国的机场贵宾休息室网络，供应商和B端客户两者之间的结算差价是龙腾出行的盈利模式。

也正是在2010年，龙腾出行开始增长乏力。这个时候，龙腾出行董事长找我担任增长战略顾问。当时的情况为：龙腾出行整合了国内53家机场的贵宾服务网络，但是也面临一些严重的问题。

问题一，业务发展出现瓶颈。虽然这项新兴业务获得了银行和保险公司的认可，它们将权益以龙腾卡的方式配置给自己的高价值客户，而且龙腾出行也因为龙腾卡得到了一定规模的预付款，形成了成长底线，但是高价值客户使用龙腾卡的频率较低，因此，龙腾出行虽然锁定了大量的客户，但是很难形成再一次的采购循环，也就是说如果这些卡的权益不能完成消费，银行和保险公司很难再次采购，因此持续交易的基础难以形成。

问题二，未能掌握核心定价权。龙腾出行在 2009 年投入了大量的资源进行网点开拓，覆盖了中国 53 家机场的 80 多个休息室，而且增加了主要机场的国际航班服务以及香港机场服务，网络更完善，大型机场休息室数量增多，让使用量得到了明显提升，但是机场的服务及维护成本急剧上涨，在当前的业务量下难以维持。

问题三，竞争激烈。虽然机场贵宾厅服务开始成为银行和保险公司给予高价值客户增值服务的标配，但是也吸引了更多竞争者的加入，这些竞争者包括一些机场，它们自己推出了贵宾厅权益服务。更让龙腾出行感到不安的是，当时全球最大的专业机场贵宾休息室整合运营商 PRIORITY PASS（以下简称 PP 卡）开始进入中国。作为全球独立机场贵宾休息室产业的创始者，PP 卡当时的主要精力没有全部投向中国市场，而是根据其国外用户在中国出行的分布，有选择地在中国与主要机场合作。而一旦 PP 卡决定全面进入中国，其积累的庞大海外客户群体与多达 600 家休息室网络将对中国市场的相应业务进行洗牌。当时，PP 卡的主要发卡对象为境外客户群体，PP 卡当时通过网络联盟的方式，在中国进行低成本的市场推广，为吸引终端消费者，将年费打八折进行推广。如何对抗 PP 卡的进攻，形成业务壁垒是龙腾出行当时的难题。

问题四，增长区间应该如何设置。龙腾出行通过贵宾休息室配置服务，覆盖了银行和保险公司的 30 万高价值客户，龙腾出行的高管层认为这些客户资源是极其稀缺的财富，如何衍生出新的业务增长点尤其关键。当时龙腾出行计划增加租车、票务、酒店、高尔夫等高端延伸服务来建立龙腾卡的服务优势，以多个增长点来扩大利润区，但是如何来延伸，依据何种增长逻辑来延伸成了核心难题。

前面两个案例，我们都是先形成增长路径，再把增长路径分解成增长点，而这一种增长地图设计的思维模式是以问题为出发点（见图 4–10）。我们认为，当时制约龙腾出行增长的问题根源，在于 B 端客户为高价值客户配置龙

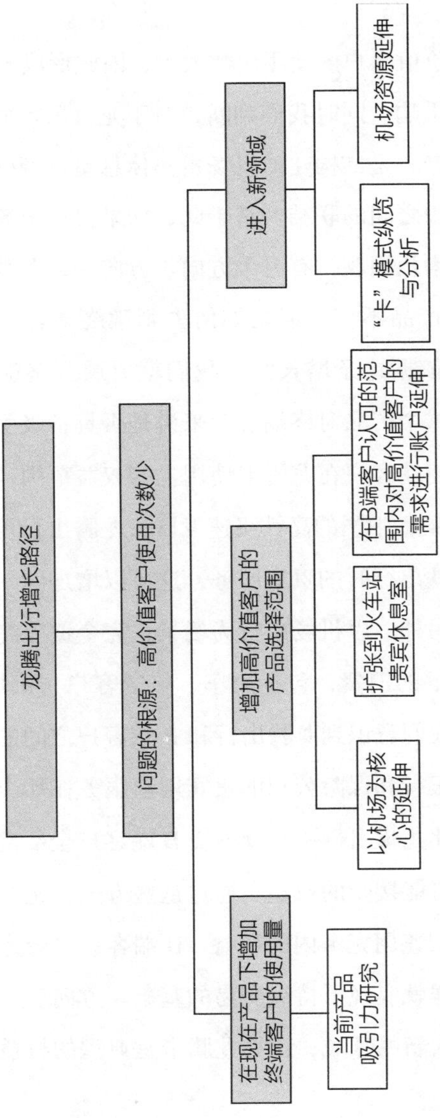

图 4–10　龙腾出行增长路径

腾卡后，高价值客户的使用次数太少，因此形成不了 B 端客户的二次采购。同时我们判断，对于龙腾出行而言，其最重要的资产一是其构建的机场贵宾休息室资源网络，二是与机构客户之间的联结。基于此，如果要从根源上解决龙腾出行的增长问题，有三个方向。方向一，龙腾出行机场贵宾服务产品不变，但是如何去刺激终端客户使用就尤为关键，依据这条增长线，我们就要展开终端市场研究，去判断这个产品对终端客户来讲是否具备吸引力。方向二，增加终端客户在龙腾卡使用上的权益范围，比如说 2010 年的时候，中国的高铁飞速发展，龙腾出行可以把服务延伸到高铁出行时的贵宾服务，这可以增加同一张卡的使用场景。另外，以机场出行为场景，完全覆盖终端客户在这个场景下的消费，包括用车、接送客户、机场消费。当然，由于我们意识到龙腾出行和 B 端客户之间的紧密合作关系，而银行和保险公司的贵宾增值服务在那个时候刚刚兴起，因此龙腾出行还可以围绕 B 端客户全部覆盖所有高价值客户可能接受的权益。通过这些方式，龙腾卡的高价值客户能加速用完卡内的权益，B 端客户也会进入下一轮采购，这样就实现了持续交易的基础。方向三，龙腾出行还可以进入新的领域，比如龙腾卡是典型的权益型机构预付卡，所以可以对标各种预付卡的模式，进行创新和发展，或者以机场资源为核心进行扩张。在每一条主要增长路径设计完之后，所涉及的进攻方式都不一样。龙腾出行增长地图如图 4–11 所示。

根据这张增长地图，我们在每个点上进行了测试，最后把龙腾出行的目标客户聚焦在银行和保险公司，未把自付费的 C 端客户当成重点，而是深化与高价值客户的交易关系，同时形成一套刺激 B 端客户的高价值客户的加速使用机制，并延伸到高铁贵宾服务等，这些决策让龙腾出行迅速摆脱了增长困境，并于 2015 年开始布局机场生态的大数据业务。

面对 PP 卡的竞争，龙腾出行一方面要增长，另一方面要形成壁垒，如果形成不了壁垒，增长就缺乏护城河。因此，我们向龙腾出行提出了很多建立壁垒的方式，例如把广州机场设置的专门 VIP 安检通道快速登机的权益配置进龙腾卡中。我们判断，PP 卡作为全球性网络公司，难以短期为一个刚开发的市场调整策略。

还有一种建立壁垒的方式是帮助龙腾出行与 B 端客户之间建立深度的数据联系。我们意识到，银行和保险公司之所以为这些高端客户免费配置权益，本质上是为

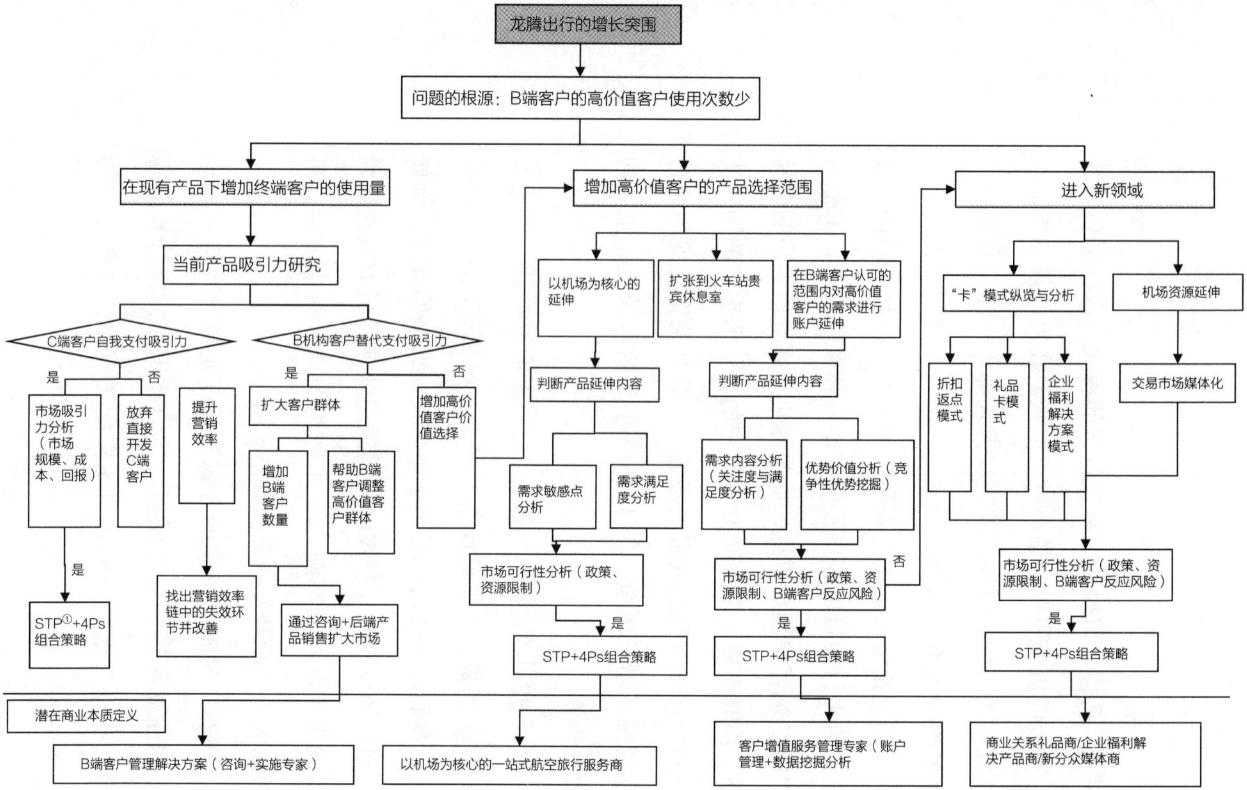

图 4-11　龙腾出行增长地图

① STP 即市场细分、目标市场和市场定位。——编者注

了提升B端客户的高价值客户的忠诚度，而建立忠诚度的一个很重要的前提是更精准地了解客户的需求。龙腾出行可以累积这些客户的机场刷卡数据，对这些客户的需求进行预测，比如说这些客户经常去哪些城市出差，频率如何，一般出差多久。不同客户对金融产品的需求一定是有显著差异的。基于此，我建议龙腾出行把这些数据提供给银行，甚至可以辅助银行分析它们最核心的高价值客户的行为，以及推算背后的需求。2010年，大数据的概念还没有兴起，但是这个设置壁垒的思维，帮助龙腾出行更好地锁定B端客户，这些数据积累越久，维度越丰富，B端客户就越难转换供应商，这样龙腾出行对竞争者的壁垒自然就建立起来了。在我们展示的增长地图下，龙腾出行逐步巩固成长底线、设置增长线，网络覆盖全球，用了6年时间成为全球最大的机场贵宾服务公司，目前又开始了新一轮的增长设计，衍生出更多的机场商圈线上线下消费业务。

好的业务增长线设计，应该以增长地图为基础，形成市场界面所有增长路径的系统集合，并依据外部环境和竞争动态不断地调整变化。这些增长路径以及增长路径下的增长点，就是企业决胜竞争、不断进行业务扩张的底牌。

本章小结

- 比利牛斯山地图的故事告诉我们，连错误的地图都具备战略意义，那正确的地图在商战与增长中就更具有重大意义。
- 增长线指的是企业从现有资源和能力出发所能找到的一切业务增长点的总和。
- 增长线设计的重要思想工具是增长地图，增长地图就是要从市场增长（而不是卓越管理、运营和执行带来的增长）去设计业务的增长线，并把这些增长线所展示的路径有效逻辑化。
- 企业的增长地图＝市场界面所有增长路径的系统集合＋动态变化。
- 设计过增长地图的公司，就能清晰诊断出公司可以增长的方向，清楚手中有多少增长的底牌，以及竞争对手一旦模仿，有哪些新增长路径可以布局。
- 关于增长地图的设计，有两种方式：一是用结构化的逻辑，二是用问题树。
- 好的业务增长线的设计，应该以增长地图为基础，形成市场界面所有路径的系统集合，并依据外部环境和竞争不断变化。

第五章

爆发线：如何进行指数级裂变

飞龙在天。

——《易经·乾卦》

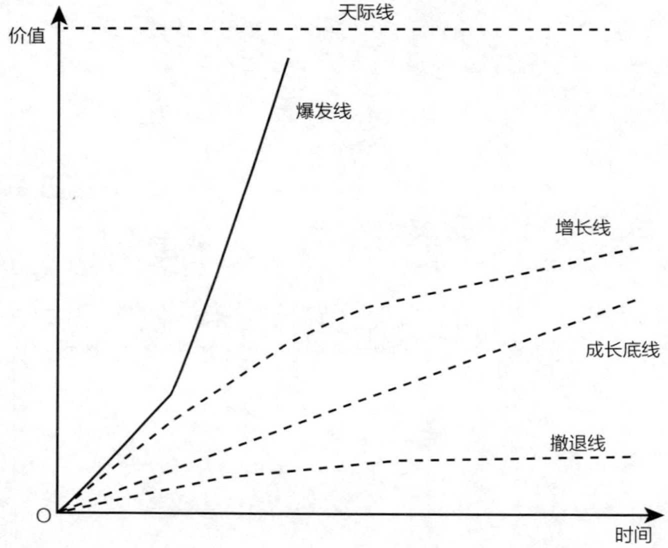

图 5–1　企业增长五线之爆发线

爆发线：让业务指数级增长

没有哪个 CEO 不想让自己的业务爆发。增长地图可以设计增长线，企业可以做加法增长，但是在今天这个数字化时代，CEO 更希望弯道超车或者换道超车，获得乘法式增长，甚至是指数级的增长，这就是在这一章我想和大家谈到的爆发线。

有一次，我去一家金融集团拜访其董事长。我们用增长地图的方式一起分解出目前该集团业务的增长方向，他看后点了点头，然后问我："王顾问，我认为你讲的都对，但是有没有可以迅速发展起来的'超级武器'呢？"我想他所言的"超级武器"，就是指业务可以迅速获得指数级爆发的模式。

在这里我先定义"爆发线"。所谓"爆发"，是和线性的增长模式不一样的，它是非线性的发展，是跨越性的发展，是指数级的发展，所以爆发线的第一个特点就是快，拥有爆发线的公司是典型的快公司。第二个特点在于裂变，这种快和传统的快不一样，它具备指数算法的逻辑。其实，公司按照某种增长的视角也可以分为三种类型：增长黑洞型、算术增长型和指数增长型。

增长黑洞型的公司，即公司的增长已经陷入了黑洞，比如我们现在看到的凡客、李宁这类公司，它们的核心用户群已经流失，品牌价值衰退严重，增长进入了黑洞；算术增长型的公司，即公司处于从 1 到 n 的阶段，进入新的区域、推出新的产品，深度开发旧有区域和客户，比如一些欧美公司进入中国市场，或者中国公司进入东南亚市场，这也是大多数公司在成长中要经历的增长路径。这种增长模式是在原有的市场地图上做加法，是线性的增长，是有天花板的；而最后一种公司则是指数增长型公司，也就是具备爆发线的设计能力。

我曾经在硅谷遇到雷·库兹韦尔（Ray Kurzweil），他是谷歌技术工程的负责人，也是未来学家。库兹韦尔喜欢谈指数级增长，他打了一个非常有意思的比喻：“如果你沿直线往前走 30 步，从第一步开始，1，2，3，4……到 30 步时你走到 30。而如果算法从算术增长变成指数增长，那么以指数级的速度走 30 步，则是 1，2，4，8……走到 30 步时你就走到了 5 亿。”指数级的增长效果在初期阶段并不显著，但在这种增长逻辑下，最后几步都会以爆炸式的方式呈现。

我们来看拼多多的案例。2018 年 7 月 26 日晚，证券代码为“PDD”的拼多多登陆美国纳斯达克，成为中国第一家上市的社交电商平台，融资 16.3 亿美元，拼多多开盘股价即上涨至 26.5 美元 / 股，较 19 美元 / 股的发行价上涨 39.47%。按开盘价计算，拼多多市值达到 293.56 亿美元。招股书披露显示，拼多多 2017 年全年总订单量为 43 亿单，同年 GMV 达 1 412 亿元。这个数据是一个什么概念？横向比较的话，同样是超过 1 000 亿元的 GMV 数据，淘宝用了 5 年，京东用了 10 年，拼多多仅用了 2 年。

拼多多的增长模式可谓是爆发式的。在所有人都以为电商的格局已经尘埃落定的时候，拼多多再次证明了增长的机会首先来自看待增长的视角。拼多多的 GMV 以及营收增长的背后是用户数量以及消费额的双重增长。拼多多成立于 2015 年 9 月，而在 2015 年 11 月，成立刚两个月时，在未投放任何广告的情况下，用户数就突破了 1 200 万。

成立 1 年后，拼多多注册用户数超过 1 亿，每月 GMV 超过 1 亿元；2016 年 11 月，每月 GMV 超过 20 亿元，平均每日订单超过 200 万单；2017 年 3 月，单月 GMV 超 40 亿元；2017 年 9 月，用户数达 2 亿；2018 年 6 月用户数突破 3 亿。

电商的收入可用一个公式表示为：

电商收入 =（新客户数 + 现有客户数）× 客户交易活跃度 × 每个用户平均消费额

拼多多在客户拓新、流量转化、增加有效客户的互动（购买或交易）率、增加单一消费者的贡献度上，都进行了系统的增长设计。根据统计数据，2018 年 1 月拼多多 App 的月活跃用户达到 1.14 亿人，比上一个月增长 13.85%，位居电商第 3 位，仅次于淘宝（4.25 亿人）和京东（1.45 亿人），是唯品会（5 447 万人）的两倍。另有数据显示，2017 年拼多多周活跃渗透率为 8.7%，每周单个用户打开次数平均为 50.7 次，仅次于手机淘宝，在购物类 App 中排名第 2；2017 年 12 月的市场渗透率为 19%，同比增长 1 507%，仅次于淘宝和京东，在综合电子商务

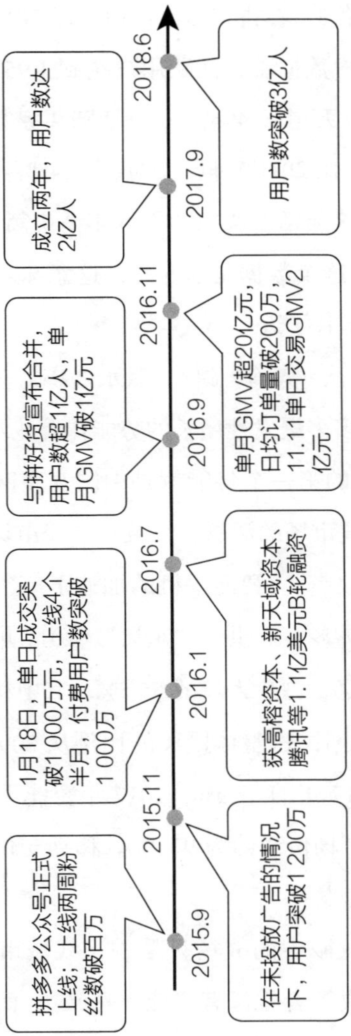

图 5–2 拼多多发展历程

资料来源：公司官网，搜狐新闻等，海通证券研究所。

App 中排名第 3。在拼多多上市后，以 2018 年第二季度平均月活跃用户数据看，活跃用户达到 1.95 亿，较 2017 年同期的 3 280 万增长 495%。 就活跃买家数量而言，达到了 343.6 万，比 2016 年同期增长了 245%。通过其财务报告显示，2018 年活跃买家的平均年销售额为 762.8 元。而在 2017 年，这个数据是 385 元，这意味着活跃买家的平均年销售额增长了近一倍。

《孙子兵法 · 势篇》讲："激水之疾，至于漂石者，势也。"那么拼多多爆发性增长的势能在哪儿？

拼多多的第一个势能就是中国互联网以及移动终端向三线到六线市场的渗透，以及一二线市场消费升级后产生的"挤出效应"。智能手机的加速下沉，电子商务品质化的提升为拼多多提供了"东风"。2017 年，中国网民数量达到 7.72 亿，占总人口的 55.5%，其中移动互联网用户 7.5 亿。手机网民占整体网民的比例从 2006 年的 0.2% 稳步上升至 2017 年的 97.5%；2017 年智能手机出货量达到 4.61 亿部，市场份额约为 93.9%。移动支付等技术也在此期间得到迅速发展。

如果企业眼中的战场只是一二线城市，上面这些数据对企业的决策者就仅有"统计意义"，而不具备"增长

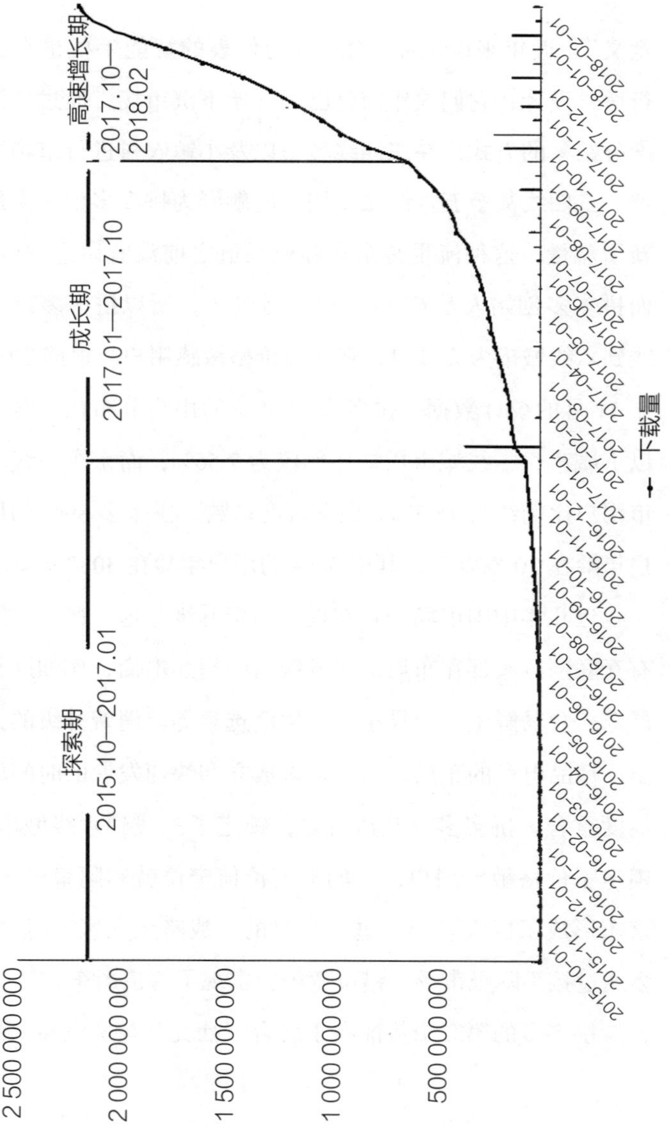

图 5-3　拼多多用户增长曲线

意义”。近年来以vivo、OPPO为代表的智能手机也在进行增长设计，它们5年前就已经开始下沉市场，通过“深度分销”的方式，在三四线城市以及小镇农村进行市场渗透。三四线甚至五六线城市用户的触网为拼多多带来大量新增流量，这种流量是京东和亚马逊之前没有留意到的，而拼多多创始人及CEO黄峥却看到了，所以拼多多以三线到六线城市为突破口，聚焦高价格敏感用户。根据2017年11月的统计数据，拼多多近65%的用户分布在三线及以下城市，一线城市用户比例仅为7.56%，而京东一线城市用户比例约为15.7%。根据百度指数，拼多多89%的用户年龄在30岁以上，其中50%的用户年龄在30~39岁。

近几年中国市场一直在提“消费升级”这一概念，原有互联网巨头都在布局消费升级后的精品电商，例如网易严选、盒马鲜生、天猫小店、生活选集等。消费升级的提出、精品电商的布局，与拼多多成立和快速发展的时间段高度重合。拼多多反其道行之，锁定了三线到六线城市，锁定了价格敏感用户，它的电商价值定位就和阿里巴巴、京东形成了巨大差异，进入当时的“战略无人区”。拼多多通过接手降级市场，错位竞争，实现了弯道超车。

拼多多的第二个势能在于融合“社交”与“电商”的

功能。从阿里巴巴和腾讯这两家互联网超级巨头的竞争力看，一方占据了“电商”领域，另一方雄踞在“社交”领域，但是双方似乎都没有找到一个能够将这两个元素融合在一起的模式。腾讯早期自己尝试做电商，效果不理想，后来以投资的方式进入电商领域，而阿里巴巴一直想发展社交功能，但自身孵化的项目中也仅有钉钉具备一定影响力。只有拼多多将两者进行了有效融合。

增长策略上有个“超级流量入口”的概念，就是当你把产品导入这个流量入口上，你就会形成自己的流量池，相当于给自己的业务接了一个自来水龙头。比如 2018 年阿里巴巴收购饿了么的时候，它们讨论了很长时间的市场战略，最后得出的第一个增长方法就是找到“超级流量入口”，把饿了么接入阿里巴巴的工作社交平台钉钉，企业可以在钉钉中派发补贴员工的餐费，这个餐费又和饿了么进行关联，这样钉钉就成了饿了么的“超级流量入口”。

拼多多迅速地找到了自己的“超级流量入口”，在 B 轮融资时引入腾讯，依靠微信庞大的用户基础和强黏性，形成流量池。2016 年 7 月，公司获得高榕资本、新天域资本和腾讯等投资的 1.1 亿美元的 B 轮融资。腾讯的加入，使得拼多多在淘宝、京东的垄断下找到了强有力的流量支持者，拼多多依靠微信生态内的闭环流量发展至今，而淘宝和京东等电商巨头都无法实施有效的反击和防御。

拼多多快速获取用户的关键是社交和低成本——通过低价产品刺激用户在微信上分享和传播。微信已成为拼多多的流量入口，拼多多将电子商务成功融入社交平台。用户想要拿到拼多多上的超级优惠价格，就要主动发起拼团，只要激活一个用户，用户周边尤其是微信上的朋友、家人、邻居都有可能被覆盖，就像你把石头投入湖水中，形成的一圈一圈涟漪，这种连带式组团使得消费者的社交资产被充分激活。社交电子商务模式使拼多多能够以较低的成本快速获取 3 亿用户，而数十万的订单将使拼多多对上游具有更强的议价能力。拼多多“挟用户以令”上游，直接与制造商、品牌商合作，以 C2B（消费者对企业）模式省去许多中间环节，为消费者带来低成本的商品，形成增长的良性循环。

拼多多的爆发线建立在用户关系的指数性激活和购买裂变上。传统时代的业务基本上是 B2C 业务，即企业面对消费者，进行推广传播、渠道构建与销售活动，而数字时代最大的特点是“一线之间”——消费者自身就是互联体，原有 B2C 是算术增长的模式，如果能充分激活用户关系资产，这个算法模型就从 B2C 变成了 B2C2C（企业到消费者到消费者）的 *n* 次方模式，C 的 *n* 次方就是用户的指数裂变。

拼多多还有效布局了微信小程序，利用微信小程序“无须安装、用完即走、无须注册、无须登录”等特性，大大降低了用户在装载 App 时的时间成本，利用微信小程序增加了消费者购物的便利性。在 2017 年 11 月的微信小程序排行榜上，拼多多在小程序 TOP200 榜单中位居榜首，累计用户数、访问次数、停留时长、分享次数等指标迅速爆发，反映了拼多多借助小程序获得更多消费者认可。

拼多多不仅占领了“超级流量入口”，还把“超级流量入口”和用户社交关系资产用到极致。拼多多利用微信红包推广自身 App，不定期给用户发放分享红包，用户需要把红包分享出去，并且在一定数量的好友打开 App 之后才能一起获得抵扣金。这种方法把非 App 用户引流至 App，并不断拉来新的用户。同时，为了留住 App 用户，拼多多还通过签到红包、答题红包等方式增强用户黏性，而答题红包同样可以分享给好友，好友答对题目，用户也可以拿到红包奖励。

第三个势能是利用广告的集中轰炸，迅速提升拼多多在目标市场上的知名度和被信任度。为巩固其流量优势和品牌知名度，拼多多自 2016 年 10 月起在一线和二线城市推出了大量线下广告，包括地铁和公共汽车等室外场景及建筑、电梯屏幕。与此同时，它还花费数亿元在各种流行的综艺节目中插入广告，相继成为《极限挑战》《奔跑吧，兄弟》《中国新歌声》《非诚勿扰》《我是大侦探》《欢乐喜剧人》《快乐大本营》等节目的广告投放主。通过赞助综艺节目，拼多多迅速拓展了在三线到六线城市的知名度和被信任度，吸引了大量精准消费人群。

如何设计爆发线

通过解剖拼多多的发展轨迹，我们看到一个事实：一家公司用了两年时间，把 GMV 做到了 1 000 亿元。从京东的 10 年，淘宝的 5 年，缩短到拼多多的 2 年，这种指数级爆发是传统公司做不到的。长江商学院校训“取势、明道、优术”中，势在第一。而今天的企业面对的最大势能就是数字化，企业如果没有按下数字化的按钮，是不可能实现爆发式增长的。

数字化是爆发线的必要基因

我们看一下 1916—2004 年成立的市值过千亿美元的企业（见表 5–1），如果把这些企业按照数字化的基因来做一个划分，会有惊人的发现：1987 年之后创立的企业，如果没有数字化的基因，不可能达到千亿元的市值，比如 1995 年的亚马逊，1998 年的谷歌，1999 年的阿里巴巴，2004 年的脸书，这些千亿美元市值的企业，无一例外拥有数字化基因。

饿了么成立于 2009 年，作为改变人们吃饭方式的外卖行业巨头，日交易额轻松破两亿元。美国的优步估值已经超过 700 亿美元，而底特律的 3 家主要汽车公司（通用汽车、福特和克莱斯勒）的市值都远未达到 600 亿美元。我们还可以看到其他一些创新型企业的市值，滴滴为 550 亿美元（截至 2018 年 5 月）、今日头条为 350 亿美元（截至 2018 年 5 月）、小红书为 30 亿美元（截至 2018 年 6 月）——迅速爆发、估值冲高、裂变迅猛是这批企业的特质。令人欣喜的是，在数字时代的竞争中，只有两个市场：美国和中国，我将它们称为数字 G2。从最新数据来看，在全球互联网企业市值最高的 10 家企业中，中美平分秋色。从另一个角度也可以看出中国在数字时代的影响力：在哈佛商学院课堂上，老师和学生谈论起零售行业数字化转型时，提及最多的就是中国的 O2O、快捷支付，甚至哈佛商学院的副院长达斯·纳拉扬达斯也在学习使用微信，这在非数字化时代是难以想象的。在这个时代，中国企业第一次拥有了弯道超车的机会。

同样的，细看千亿美元市值企业图，我们就需要重新定义企业。传统的划分方式已经过时了，如果我们今天去定义一家创新公司究竟从事的是什么行业，其实已经非常困难。这里我提出另一种划分方式。在数字化浪潮下，未来只有 3 种企业，第一种为“原生型数字公司”，典型的就是 BAT、谷歌、亚马逊、脸书这类公司。这类公司自诞生起，就具有互联网形态，就有数据累积，未来可以依据大数据积累往人工智能进化；第二种为“再生型数字公司”，这类公司包括苹果、共享单车、小米，这些公司的特点在于本来从事的是传统业务，但是创始人将其互联网化、数字化，使得这些公司具有后天的数字化特点，当然这些公司的估值比同行业的传统企业高 10 倍，甚至百倍；第三种则是传统公司。

表 5-1 1916—2004 年成立的市值千亿美元企业

类型	成立时间（年）	企业名称	细分领域	所属国家
非数字类	1916	波音	航空技术	美国
	1921	斯伦贝谢	石油服务	
	1933	丰田	汽车	日本
	1956	柏克希尔顿	金融投资	美国
	1962	沃尔玛	零售	
	1963	康卡斯特	文化娱乐	
	1976	维萨（visa）	金融	
	1978	家得宝	零售	
	1987	吉利德科学公司	生物	
数字类	1964	IBM	IT	
	1968	英特尔	数字科技	
	1972	思爱普（SAP）	数字软件	德国
	1975	微软	数字软件	美国
	1976	苹果	数字科技	
	1977	甲骨文	软件	
	1982	沃达丰	IT、电信	英国
	1984	思科	IT	美国
	1985	高通	IT	
	1995	亚马逊	互联网	
	1998	谷歌	数字互联网	
	1998	腾讯	IT、互联网	中国
	1999	阿里巴巴	数字互联网	
	2004	脸书	数字互联网	美国

在数字化的背景下，新技术的应用速度越来越快。麦肯锡做过一项有意思的研究。这项研究计算了不同时代下的产品的用户累积到 5 000 万人时所需要的时间。其中，

无线电发明之后，经过了 38 年，全球才有 5 000 万台收音机投入使用；同样是 5 000 万台电视机，走入千家万户仅用了 13 年；互联网普及至 5 000 万网民只用了 3 年；脸书的用户达到 5 000 万只用了 1 年；推特仅用了 9 个月；2016 年，短短 19 天，就有 5 000 万用户下载了《精灵宝可梦》（非官方译法为《口袋妖怪》）这款游戏。

数字化是基因，但并不是所有的数字化公司都能够获得指数级增长，其关键在于是否掌握了设计爆发线的能力。典型的业务爆发途径有两种：产品爆发和传播爆发。一条好的业务爆发线要同时兼顾这两条途径。

设计产品爆发线

我们先来看产品爆发线。好产品是增长的根本，但关键在于，如何才能打造一个具有爆发特质的产品，我认为打造产品爆发线要做好四个要素：风口、创新、效率、快。

风口：成倍提升用户体验的大机会

这个风口不是指资本的风口，而是市场的风口。市场的热情是改善用户体验的大好机会。为什么要使用户体验成倍提升？因为提升一倍两倍，消费者能感觉到，而只提升 3% 或 5%，消费者是感觉不到的，所以必须成倍提升用户体验。什么叫大机会？大机会是这个风口的潜在市场规模，它决定了你能否吸引人才、资源和资本。我们以小红书为例。小红书成立于 2013 年，通过深耕 UGC（用户原创内容）的购物分享社区，至今已发展成全球最大的消费类口碑库和社区电商平台，截至 2017 年 5 月累计销售额已近百亿元。如今，小红书的月度活跃用户近 3 000 万人，用户突破 1 亿人，成为 200 多个国家和地区年轻消费者必备的"购物神器"。

很显然，小红书赶上了风口。随着物质生活水平的不断提高，新中产阶层开始追求境外旅游和境外优质商品，但信息的缺乏使他们在国外购物时遇到诸多困难。小红书从这一问题切入，打造"海淘顾问"形象，为用户提供境外购物攻略，解决了"去哪买、什么值得买"的购物痛点，给用户带来极大方便。我们甚至可以量化评估，小红书在查攻略、搜地图、看翻译等购物决策时间上，以及在交通、税费等成本上，一定为用户做到了成倍节省，否则也不会被称为"购物神器"。

跨境电商是不是个大机会？当然是，而且在小红书诞生不久的2014年下半年，中国政府出台了一系列支持跨境电商发展的政策，跨境电商迎来属于它的发展元年。到2018年，中国的跨境电子商务市场在4年间从0增长到8.8万亿元，任何一个商家都有爆发性增长的机会。而作为天然的海外品牌基地，跨境电商业务非常顺其自然地成为小红书新的增长点，其所获取的用户非常精准，且黏性高，消费能力强。在跨境电子商务的风口，小红书也迎来了“社区+电子商务”的发展机遇期。

创新：抓住技术与模式

当你发现了一个能成倍提升用户体验的好机会，可以说是有了“天时”，但是爆发线的出现还要有一个必要的推手，就是“地利”：技术加持的供给侧大爆炸创新或者用商业模式重新组合、配置资源。让我们把聚光灯聚焦到抖音这家公司上。抖音是一款可以进行创意音乐短视频拍摄的社交软件。用户可以通过这一款应用软件拍摄15秒的短视频，并自主配乐，从而形成自己独特的风格。

2016年9月，抖音在今日头条内部立项。在短短两年不到的时间，抖音一路高歌猛进。在2018年春节期间，抖音日常用户的数量迅速增加，从不到4 000万增加到近7 000万，到了2018年6月初，抖音对外宣布其国内日活

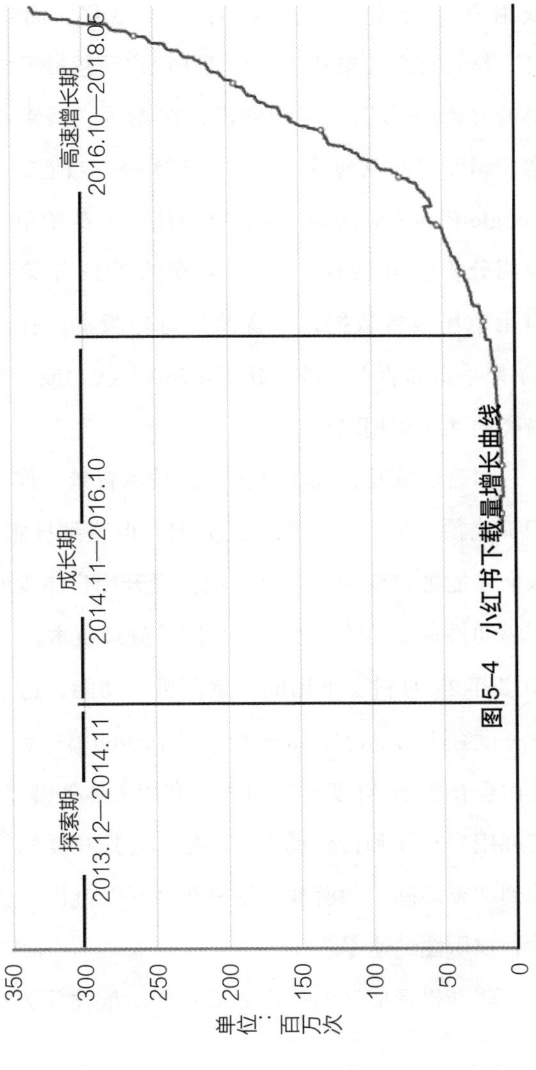

图5-4　小红书下载量增长曲线

跃用户达1.5亿，月活跃用户达到3亿。而到了7月17日，抖音官方宣布其全球月活跃用户数超过了5亿。可见，抖音在海外市场上表现突出，在泰国、马来西亚、柬埔寨、印度尼西亚和越南等国，多次登上当地的App Store / Google Play（应用商店 / 谷歌应用）下载榜单。根据移动应用分析公司Sensor Tower发布的2018年第一季度移动应用市场报告数据，抖音及其海外版本已在Apple Store（苹果手机商店）中被下载了4 580万次，成为全球下载量最高的iOS应用之一。

抖音的成功，离不开强大的技术背景。许多时候，人们都能预知到下一个风口的方向，但直到技术手段成熟，人们才能把它变成一个真正成倍提升用户体验的商品。用于驱动抖音成功的技术之一是图像处理技术。典型代表是2017年12月抖音推出的"尬舞机"功能，这个功能使抖音一度登上了Apple Store免费榜总榜的第一名。"尬舞机"是由今日头条AI实验室研发，利用人体关键点检测技术，实现用户动作和目标动作的适配，让用户能以较低门槛体验到"类体感"的游戏。这种游戏一经推出，就因其可玩性和娱乐性迅速爆红。

驱动抖音成功的技术之二是智能推荐算法。抖音继承

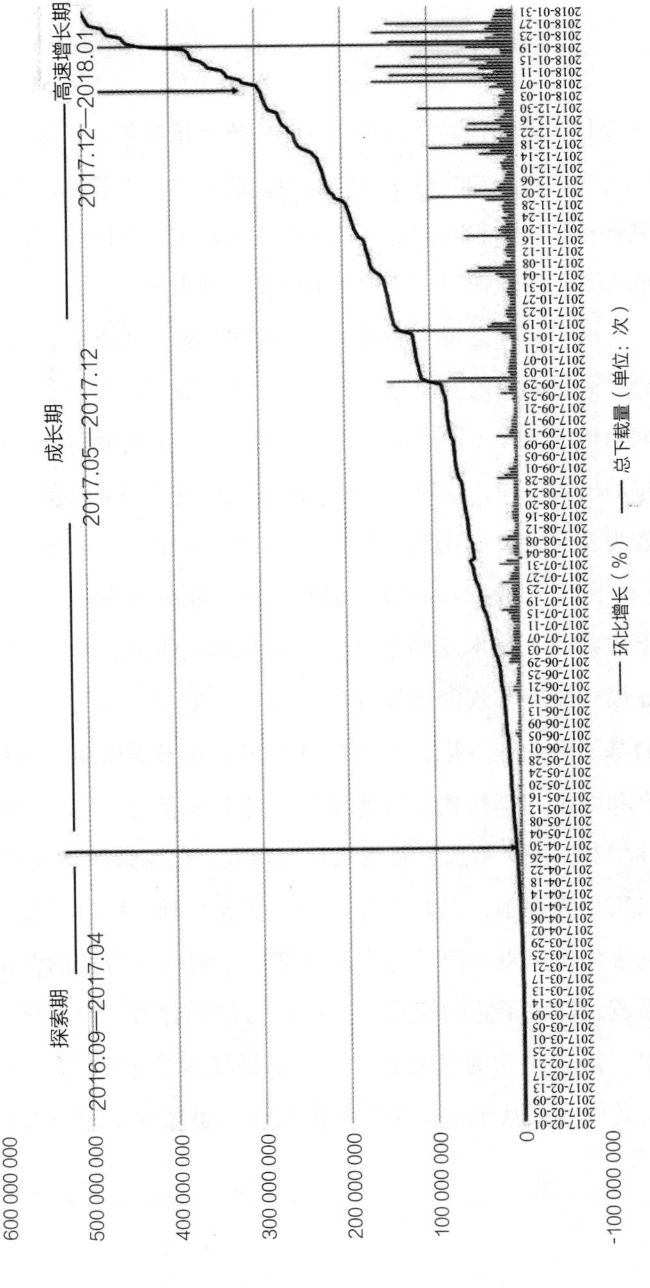

图 5-5　抖音用户增长曲线

了今日头条的优秀算法传统，当用户上传视频后，这个视频首先会进入规模较小的流量池，被一部分人看到，如果其评论和点赞较高的话，就会进一步被更大范围推广，以此类推，这就使得一个视频可以具有强大的生命力。这样的方法可以保证每个人的作品最起码会被一小部分的人看到，而且如果内容优秀就可以借此方式成名。与其他视频网站借助大V（粉丝众多的网络用户）转发视频以增加流量的模式不同，这种去中心化的模式让更多普通人拥有了较为公平的成名渠道，抖音因此得到了更多人的青睐。

除了企业的核心技术创新，当行业技术在一定程度上成熟时，技术发展也将促进商业模式的创新。通过商业模式创新实现的爆发性产品往往是把具有强大传播性的基因融入业务模式中，如拼多多。基于微信朋友圈分享和群组共享模式的快速发展，拼多多利用微信社交软件相对分散、更加具有场景化的功能，以流量做切入口，以用户为根本，以好友分享与传播为基础，以拼团超级优惠为价值点，使得每个用户都成了它可以裂变的营销渠道，都成了它的流量分发中心与信任背书平台，每个用户都是团购的发起者，也可以是团购信息的接收者。与此同时，基于社交关系的信用认可也减少了用户对电子商务平台的不信任。在购买高质量和低价格的产品后，用户增强了对拼多多平台的信任，并成为下次开团的发起者。就这样，拼多多吸引了更多用户，形成了裂变效应，获得爆炸式增长。

效率：警惕暗处的陷阱

大多数情况下，用创新抓住提升用户体验的机会就等于成功了一大半，但如果实现这种体验的代价是降低企业效率，那么你的企业很有可能已经在不知不觉中掉入了增长黑洞。在2014年获得爆发式发展的O2O行业就是深刻的教训。那时候通过大规模补贴获得高速增长的企业，如上门按摩、上门做饭、上门理发等提供O2O服务的企业，今天几乎都已关门大吉，或者进行了业务转型，才得以勉强生存。

表面上来看，它们成倍提升了用户体验，选择了足够大的赛道，也通过商业模式创新抓住了机会，并且在短时间内获得了用户的爆发性增长，但当补贴停止时，增长也就停止了。在本质上，这是因为这些企业没有提高行业效率，甚至造成效率的下降。阿里巴巴前CEO卫哲曾分析河狸家：上门服务时，工匠每天可以做2~3个订单，但如果他们在商店，则每天可以完成6~8个订单。此时，虽然由于O2O节省了租金，但每人每天的产量却在下降，整个行业的效率也就降低了。很显然，效率降低意味着各项成本升高，从根本上就阻断了爆发性增长的道路，只会陷入做得越多亏损越多的怪圈，加速企业的死亡，利润区被吞噬。

快：资本驱动

在爆发性增长中，“快”极为重要，它意味着压倒性的兵力投入。一个大风口，往往是被一群创新人才追逐的，谁拥有更多资源，能够更先占领市场，谁就有决胜权。比如在音乐短视频领域，musical.ly（一款音乐类短视频社区应用）事实上具备先发优势，2014 年在美国率先上线，2015 年 7 月，更是登上美国 Apple Store 的“总榜”和“摄影与录像”应用两个榜单之首。但在中国市场，它的业务发展状况并不理想。2016 年 9 月才上线的抖音后来居上，通过一系列高效的版本迭代和运营活动牢牢占领了中国本土市场。2017 年初，musical.ly 意识到本土化的重要性，在中国开始推广本土化的短视频产品 muse 时，最好的时机已经过去，此时抖音已迅速抢占了国内音乐垂直类短视频市场。2017 年 11 月 10 日，musical.ly 被今日头条以 10 亿美元的价格收购。

增长性爆发中资本的加持尤为重要，这在滴滴和快的之战中表现得尤其明显。这两家公司都赶上了移动互联网应用爆发增长的风口，市场需求和新技术应用嫁接在一起，迅速诞生了一个千亿级的新市场。如果说当时硅谷还在传播克里斯·安德森[①]说的“免费”的商业模式，那么若安德森来中国看到滴滴和快的的发展会触目惊心。这两家公司一路“烧钱”，一路“打仗”，以“付费补贴”的方式，把这个市场做到迅速爆发。在面临同样风口的情况下，如果竞争中两家公司策略相似，那么拼的就是一个字——快。这种爆发性扩张的快必须要有资本的介入，而且在开始第一轮融资之时，第二轮到第 n 轮的融资就要平行推进了。所谓爆发，就是不要均衡分布力量，而要集中打击要点，按兵法来讲叫作“一战而胜”。滴滴和快的都在 2012 年成立，自成立之日起，两者在市场上的步伐就非常相似，竞争异常激烈。在滴滴和快的合并之前，滴滴接受了四轮融资，对外宣布的总融资金额超过 8 亿美元，快的的融资金额与滴滴差不多。在大量资金的支持下，滴滴和快的关于市场份额竞争的“烧钱大战”也迅速加剧。

① 克里斯·安德森是互联网时代的思想家、预言家，《连线》杂志前主编，其畅销作品《长尾理论》《免费》《创客》已由中信出版社出版。——编者注

腾讯和阿里巴巴这两家巨头分别投资滴滴和快的后，滴滴和快的就成为微信支付和支付宝获得移动互联网用户的战略高地。2014 年 1 月，滴滴宣布与微信合作，支持微信支付功能，而快的出租车业务早在 2013 年就与支付宝相连，双方都开始强调它们的移动支付。

表 5–2　滴滴和快的初期融资情况

融资阶段	滴滴融资情况			快的融资情况		
	时间	金额	投资方	时间	金额	融资方
A 轮	2012.9	300 万美元	金沙江创投	2013.6	1 000 万美元	阿里巴巴
B 轮	2013.5	1 500 万美元	腾讯	2014 年初	1.2 亿美元	阿里巴巴等
C 轮	2014.1	1 亿美元	中信产业基金	2014.10	8 000 万美元	老虎环球基金、阿里巴巴
D 论	2014.12	7 亿美元	淡马锡、DST①、腾讯等	2015.1	6 亿美元	软银、阿里巴巴、老虎环球基金

手上有弹药，子弹才能横飞。双方的融资就是一个“罗拉快跑”的过程，滴滴和快的合并前双方几乎每半年就有一轮融资，双方正是利用资本的助推快速点沸了这个新兴市场。2013 年 12 月，滴滴投入 8 000 万美元用于奖励接受订单的司机；2014 年 1 月，在入驻微信后，开始实

① DST 是来自莫斯科的一家专注于互联网行业的投资公司，因投资脸书而名声大噪。——编者注

施为乘客提供 10 元优惠券，为驾驶员提供 10 元补贴的活动，后又宣布投入 10 亿元补贴。在整个补贴大战中双方耗资超过 20 亿元。滴滴和快的的“快”与“狠”让其成为赢家，而反观当时另一支劲旅易到用车，由于在补贴大战中的迟疑，使得其在第一阵营中出局。后来易到创始人周航在私下场合反复反思此战失败的要因——面对一天要签出千万乃至上亿元的补贴费用，犹豫不决，错过战机。

设计传播爆发线

谈完了产品爆发线，我们再来谈传播爆发线的特质。传播爆发线既适用于数字型公司，也适用于虽然业务传统但希望通过数字化来进行传播的公司。

拥有爆发性产品的小红书，其传播爆发线也打造得很成功。小红书迎合流行审美文化和用户兴趣，打造了一系列大型爆款营销活动并取得了爆发性效果。如组织“全球大赏”活动，邀请众多明星，形成官方权威性榜单；2015 年的“小鲜肉送快递”营销活动，吸睛且极具话题性，当天就新增近 300 万用户，销售额相当于 5 月一整月的销售额；打造“红色星期五”“红色大巴车”等圣诞节推广活动，新增 200 万用户，且新用户下单比例达 54%，订单转化率高达 40%。这些活动好玩、有趣、大胆、高颜值、场景化、视觉冲击强烈，能够抓住年轻女性的兴趣点，因此才能引发爆发性的增长。

如果企业的业务类型是非数字化的，那么传播爆发线就成了业务爆发的唯一途径，更应引起企业的重点关注。传播爆发线的设计需要三个要素：打造社交货币、借力头部流量、社交病毒扩散。

打造社交货币

2014 年，“冰桶挑战”成为社交媒体中传播最广泛的活动。冰桶挑战的全称为“ALS 冰桶挑战赛”，是一项为对抗“肌肉萎缩性侧索硬化”[①] 而发起，主要在社交网络上传播的慈善筹款活动。该活动规定被邀请者要么在 24 小时内接受挑战，要么不接受挑战选择捐赠给慈善机构 100 美元，并且不能反复参加活动。如果被邀请者接受了挑战，他将在网上发布他浇冰水的视频内容，然后可以再“点名”3 个人参加这个活动。这项慈善活动旨在让更多人了解“渐冻症”这种罕见疾病，并为患者筹集治疗资金。

① 即 ALS，中国又称渐冻症。——编者注

国际和国内的慈善项目非常多，但是利用社交媒体传播，达到“一夜刷屏”的慈善活动却很少。这背后的原因是什么呢？

在《疯传：让你的产品、思想、行为像病毒一样入侵》一书中，这本书的作者、沃顿商学院营销学教授乔纳·伯杰通过大量的营销行为学实证研究，发现了创造“疯传”即快速口碑传递，实现社会影响效应的原因。在大量研究的基础上，他总结出“疯传”现象背后的STEPPS原则，我结合冰桶挑战效应的形成逐一分析。

S：社交货币（Social Currency）。所谓社交货币，意思是人们都倾向于选择标志性的身份信号作为判断身份的依据。人们喜欢分享，因为他会觉得这是他个人身份的体现，会让他看起来更加精明、机智，获得更多好评。我们看到“ALS冰桶挑战赛”正好符合社交货币的特质，一个人在社交媒体上参与、转发该活动，能显示自己善良、关注社会的友好特质，这非常有利于促使人们去转发。

T：诱因（Trigger）。简单来说就是让你的产品与一件经常出现在人们视野中的东西挂钩，不断激发人的联想（增加其激活率）。我们发现很多产品或者慈善活动的社会化推广未获得成功的重要原因在于“间断性提醒”不够。

而冰桶挑战的最大一个特质在于传递性，在不同的人、不同的环境下出现新的“客户创造内容”（Customer Generate Content），反复提醒大众，形成持续诱因。其实《小苹果》这首歌的一夜走红也是这个原理——网络上一时间出现了大量不同版本的《小苹果》。

E：情绪（Emotion）。社交媒体上“疯传”的情绪具有高唤醒性，这种唤醒同时体现在生理和心理两个方面。当然，单独激发心理或者生理的反应也有助于人们传播的积极性。在冰桶挑战赛中，发起者很巧妙地用“冰水浇身”满足了大众草根群体的围观心理：好玩有趣。尤其是看到印象中所谓的“高富帅”——雷军、李彦宏、刘德华等人变成落汤鸡的视频上传到社交网络，大众参与和传播的情绪被挑起。

P：公共性（Public）。即在社交媒体上利用人的从众心理，增加营销的可视性进而放大这种从众性，冰桶挑战赛可谓将“公共性”利用到了极致。冰桶挑战赛中有个重要的规则设计是利用圈层效应，邀请者的任务完成后可以向周边三个好朋友发起“点名参与”（而非邀请参与）。我们看到，社交媒体上传播的关系链是：美国新泽西州州长克里斯蒂点名脸书创始人马克·扎克伯格，马克·扎克伯格点名比尔·盖茨，比尔·盖茨点名俄罗斯投资巨头、DST的创始人尤里·米尔纳，尤里·米尔纳又点名了他的投资对象之一、小米科技的创始人雷军，于是这个活动一夜之间从美国传到了中国，社交媒体的“六度效应”被充分激活。

P：实用价值（Practical Value）。即在社交媒体上研究你想要传播的信息对其他人到底有何好处，如何把这个好处有效放大。在冰桶挑战赛的规则设计中有一条：要么在24小时内接受挑战，要么捐款100美元给慈善基金会。这种规则既能让传统的慈善活动更有趣，也更能看到慈善效果。对于绝大部分人来说，100美元都不是问题，难点在于背后的道德绑架，倘若只捐钱而不参与挑战，显然降低了这种慈善行为的传播性与持续性，从某种意义上说，就是不道德的。当时美国总统奥巴马就是因为顾及形象，只捐钱而不参与，被围观群众质疑，这种“绑架式的实用价值”的设计让挑战变成了一种通关游戏，更有趣更好玩。

S：故事（Stories）。即我们设计信息传播的时候要注意把我们产品的利益点和故事相结合。在冰桶挑战赛中，24小时的时间限制非常关键，因为它每间隔24小时，都能掀起一个小热点。同样，挑战中还规定挑战者成功后只能指定 3 个人再接受挑战，越是稀缺的设计越能引发大家的议论和参与，表达自己参与这场传递活动的光荣（某种意义上像圣火传递），同时用冰桶来做“视觉锤道具”比其他形式更能深入人心。

乔纳·伯杰提到的疯传“STEPPS”六法则其实可以简化为第一项“社交货币”。社交货币源自社会经济学的概念，它可以衡量用户分享与品牌相关的内容的倾向，简而言之，它是利用人们愿意与他人分享的品质来塑造企业的产品或服务，从而达到口碑传播的目的。它还可以理解为，社会中两个或两个以上的个体，在获取认同感与联系感之前对于自身知识储备的消耗。比如大家玩同一款网游，或别人谈论热门电影时你也去参与讨论，这就是对社交货币的消费。社会归属感和与他人的联系是社交货币购买的产品。社交货币是有效打通社交链条的武器，可以使企业的产品、品牌迅速裂变。

本质上，抖音就是一个很好的“社交货币”产品。它是一款强大的短视频制作软件，功能齐全，有大量音乐、滤镜、美颜、特效可供用户选择。而且相比竞争对手，抖音在用户体验上做到了简单易操作——用户可以直接在软件内实现设置音乐、剪辑视频、增加特效等功能，也可以用简单的模板和功能按钮，帮助用户完成以前达不到的效果，比如逆向还原等。不论是搞怪、才艺还是旅行见闻，抖音用户都能通过软件制作出符合自己个性的视频，这种简单的操作和独特的功能使得产品本身就具备高感知的特质，也让抖音的用户内容都变成了一个个社交货币。

从“疯传”的角度来说，社交货币就是人们会判断自己在社交网络上的行为，比如转发、分享、点赞，是否更能增加别人对自己的正向判断。如果你在互联网上设计的产品或者营销方式能够有效植入“社交货币”，你的产品就有被疯传的机会，所以对社交货币的捕捉，会让你的产品、思想、行为像病毒一样入侵和传播。

借力头部流量

在这种爆发式的社交裂变中，企业还要抓住头部流量。自 2017 年 5 月，抖音开始与明星合作，借以宣传产品；6 月底，抖音正式发布吴亦凡拍摄的“抖音与中国有嘻哈”的宣传短片；7 月底，鹿晗新歌《零界点》登陆抖音，与此同时，抖音也赞助了《中国有嘻哈》；8 月，抖音登陆《快乐大本营》，并举办首届“IDOU 之夜”，开始了线下活动拓展；9 月初，抖音联合摩拜实现了跨领域合作，登上《天天向上》栏目，并在月底与爱彼迎、雪佛兰、哈尔滨啤酒合作拍摄首支品牌视频广告。2017年11月10日，今日头条以10亿美元收购musical.ly，随后将之与抖音合并。在这一阶段，抖音关注年轻群体，通过赞助一系列年轻人感兴趣的节目，不仅奠定了其产品的基调，也迅速将产品推到了目标受众面前，从而实现用户倍增。

小红书也是借力头部流量的典范。为了契合年轻女性爱追星、追剧，观看综艺节目的喜好，小红书赞助了多个热门真人秀综艺节目，并吸引明星入驻。如赞助《偶像练习生》和《创造101》，快速获取了大量曝光和用户；吸引自带流量的明星如林允、张雨绮等入驻，利用明星效应带来了新一轮热度和消费点，也形成了明星、KOL（关键意见领袖）、普通人的金字塔式的内容生态框架。

社交病毒扩散

如果说移动互联网的前5年一直在释放“流量红利”，那么在“流量红利”开始走向枯竭的时候，“社交红利”可能成为帮助企业释放“爆发”的一把利刃。

腾讯的核心基因在于社交，它依据社交数据设计出一套社交引力指数，反映一个企业对其用户的吸引力，腾讯将其称为“社交能”。社交能由四个要素构成，分别是社交圈指数、朋友圈指数、粉丝圈指数以及社交引力。根据腾讯的数据测试，社交能与企业当前的市场份额以及未来的增长潜力高度相关。

传播爆发线的崛起往往具备“传染性”的特质。“传染性”可以定义为“是否可以像病毒一样传播”，即像病毒一样具有高链接、高连带、高生长的特质，而社交链条，就像是病毒传播的渠道。抖音有着很强的社交性，抖音用户在发布视频时，可以通过加 tag（标签），参加相应的挑战，从而发现相同喜好的用户。抖音的关注、点赞、留言功能也方便了用户选择自己喜欢的群体，在加完关注后，还能在“关注”栏中看到他们的专属更新，主页也会有关于他们视频的推送。除此之外，系统还会通过关注的人来推荐可能认识的人，从而使兴趣类似的人能够建立自己的社区。这种高链接让社交关系的裂变增长效应释放出来，并通过大数据进行定向扩散。

今天许多传统公司开始通过抖音进行营销，从本质上来看，就是期望打造一条传播爆发线。华谊兄弟一年投资 9~12 部电影，同时也引入境外的影片在中国影院上映，比如大家熟知的《摔跤吧！爸爸》。有一次我去拜访华谊兄弟的高管，问他最近票房最好的影片是哪部。他告诉我，最近从华谊杀出来的电影黑马是《前任 3》。本来这部电影按照猫眼大数据推算的话，票房大概在 4 亿 ~6 亿元，结果最后的票房是 19 亿元。那么这部电影是如何在短时间内爆发的呢？猫眼大数据推算的票房建立在垂直的用户画像的基础上，比如过去看此类型影片的消费者的人群、频率，然后把这些数据整理成一个模型，得出的数据为《前任 3》的成长底线即预估票房。在电影上映的过程中，电影票房正如大数据所料的速度和规模在增长。但是一件事情引起了华谊营销部门的注意，即通过对社交声量信息的分析，华谊发现在社交网站上有一些评论，获得了极高的点赞、认同和转发，比如有女生看完这部电影后留言“我的前任也如电影中一样，让我痛哭流涕”。这些自我经历代入的信息，在社交网站上疯狂传播，观众看完电影后在影院里哭的视频被上传到抖音，仅这一个小视频的被点赞数就在千万以上，形成了巨大的导流入口。华谊营销部门看到这个“涌现出的爆发因子”，立即采取策略把这些 UGC 变成有组织性的营销宣传，将不同观众看完电影后的不同情绪反应录成微视频放到抖音平台上，从而在巨大的社交链上形成共振并被疯传，一下子把这部电影的票房拉到了 19 亿元。

古代兵法中将“一战而胜”提到一个极高的境界。所谓爆发，必须把业务融入“天时、地利、人和”中去，但在具体操作时，也可以借助本章提到的普遍规律。他山之石，可以攻玉，读者朋友们可以尝试开始设计你的业务爆发线了！

本章小结

- 撤退线、成长底线和增长线都是做加法增长，而爆发线是在做乘法增长，甚至是指数级增长。
- 如今市场环境最大的势能即数字化，企业如果没有按下自己数字化的按钮，就无法撬动爆发线。
- 数字化是爆发线的必要基因，近30年来，过千亿市值的创业公司，无一例外全部都拥有数字化基因。
- 典型的爆发途径有两种：产品爆发和传播爆发。
- 产品爆发的核心在于如何有效地把疯传的基因设计进产品，甚至是业务模式中。打造产品爆发线的四大要素是：风口、创新、效率和快。
- 传播爆发线设计的核心有三大要素：打造社交货币、借力头部流量、社交病毒扩散。

第六章

天际线：企业如何击穿增长的天花板

在过去的几年里，腾讯已经投资了600多家公司，而这些公司的附加值已经超过了腾讯本身的市值。

——腾讯集团总裁
刘炽平

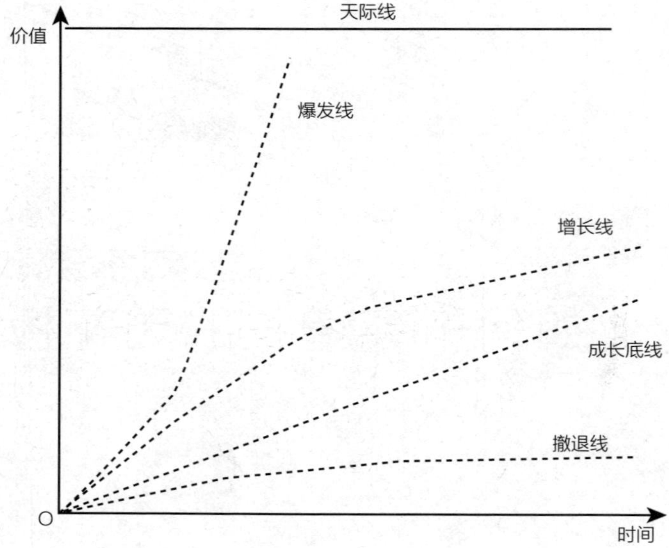

图 6–1　企业增长五线之天际线

天际线：企业增长如何不断走向极值

天际线就是企业增长的天花板。如果说成长底线能够让一家公司得以生存甚至活得更好，增长线表现了公司未来可以拓展的有潜力的方向，爆发线反映了一家公司可以迅速崛起的模式，那么企业的天际线则反映了企业估值或者企业价值的上限，一个能不断突破自身和行业天际线的企业，就能够不断突破企业价值的地心引力。天际线就像你在波斯湾的海边度假时一眼望去所见到的海天相接的地方，海能有多远，天能有多高，天际线就有多远多高。如果说企业的发展阶段可以分为从 0 到 1、从 1 到 *n*、从 *n* 到 *n* 的指数，那么天际线就是从 *n* 的指数到无穷。

我们先看看腾讯不断突破天际线的尝试。2016 年 9 月 7 日，马化腾向合作伙伴发出公开信，表明腾讯开放的生态树林已成长为森林。腾讯开始形成自己的“腾讯森林”，包括阅文集团、搜狗集团、众安在线、腾讯音乐、猫眼等一批公司先后上市。2018 年 1 月 24 日，腾讯总裁刘炽平在腾讯投资年会上透露：“在过去的几年里，腾讯已经投资了 600 多家公司，而这些公司的附加值已经超过了腾讯本身的市值。”

无独有偶。2018 年 4 月，一篇题为《腾讯没有梦想》的文章在朋友圈中疯传。文章称，腾讯没有梦想，正在失去其产品研发能力和企业家精神，并已成为一家投资公司。这篇文章的作者在文中写道：“这家快 20 岁的公司正在变得功利和短视，它的强项不再是产品业务，而是投资财技。”作者认为，腾讯在用一种它自认为最科学的经营方式经营一家科技公司，却在实战中忽略了科技企业应有的产品创新精神。其实我特别想问读者朋友们是如何看待这位作者对腾讯的批判的？腾讯到底还有没有梦想？

企业发展最开始以产品为载体，形成产品经济是第一步，产品经济能成功说明企业切中了市场的需求。所以近些年硅谷的企业流行精益创业和 MVP（最小可量化产品）的思想，即把最小可以推出的产品推到市场上，进行测试迭代。产品经济成功后，将进入第二步即规模经济的释放。规模经济的优势在于随着产量的增加，长期平均总成本呈现出下降的趋势。除了规模经济之外，还有一种范围经济的经济模型。哈佛大学杰出的企业史教授小艾尔弗雷德·钱德勒在《规模与范围：工业资本主义的原动力》中的阐述可以总结为："范围经济是指公司在生产过程中扩大其业务范围，并将产品类别多样化的价值提升到最佳状态。"但说到底，产品经济、规模经济和范围经济，还都是传统的增长模式。按照钱德勒教授的思路，在今天的数字化时代，还有两种经济值得注意，一种叫作网络平台经济，另外一种就是生态经济。腾讯的模式，是在网络平台经济模式下，衍生出的生态经济模式，这个梦想的格局，绝不是一个产品经理所能拥有的格局。

格局是大于工具的。我们在审视一家企业时，视野会决定格局。产品经理眼中看到的是产品，财务人员眼中看到的是报表，HR（人力资源顾问）眼中看到的是人力资本，而企业家眼中看到的是增长格局和增长模式。如果看问题的人格局不同，又有什么好讨论的呢？腾讯今天要做的增长格局，要思考的早已不是单个产品，而是如何形成一组产品孵化出的生态！对此，腾讯总裁刘炽平在微信朋友圈中表示，"腾讯是一个比作者所能想象的更大的组织和生态，每一个部分都在追求自己的理想，发挥自己的力量。把腾讯简化成一个产品的得失，一种战略的部署，一个人的意志，都太狭隘了，是忽视了腾讯无数产品团队的努力和成绩”。

回到2010年，如果没有一场激动人心的增长模式设计，腾讯绝对不是今天的腾讯。在与360发生“3Q大战”后，腾讯痛定思痛,2011年集聚各界专家为其做咨询顾问，以“X光下看腾讯”的方式诊断腾讯未来的发展方向，反思过去12年腾讯产品经济的发展模式，将腾讯改造成开放生态模式。

2011年6月举行的第一次腾讯合作伙伴会议是其战略转型的标志性节点。在会上，马化腾提出了互联网未来的“八个选择”，并从用户、合作伙伴和行业的角度解释了腾讯对开放和分享的坚定态度，宣布腾讯的第一阶段目标是创建一个最成功的开放平台，并支持所有合作伙伴“再造一个腾讯”。基于此，腾讯从封闭系统走向开放模式，把自己定义为“互联网行业的水与电”，是互联网基础设施的构建者，提出腾讯要“连接一切”。2010年9月，QQ空间和朋友社区在腾讯的开放社区上线；2010年11月，腾讯微博的开放平台启动；2011年5月，发布了“Q +”

计划，包括 QQ（web 版和客户端版）、腾讯朋友、财付通、电子商务、搜搜和 QQ 彩贝联盟在内的腾讯主要平台产品和数亿活跃用户向第三方合作伙伴开放。这次开放战略，后来被评价为“集腾讯对过去 12 年商业模式的反思和对未来趋势思考之大成”。

在接下来的几年里，腾讯先后开发和开放了许多新业务。例如，腾讯媒体开放平台和腾讯云平台于 2013 年开放。2014 年，腾讯提出了软硬件相互结合的开放生态，并将 QQ 和微信平台全面向智能硬件开放。2015 年，腾讯上线了 GAD 腾讯游戏开发者平台等。一句话，基于 2011 年增长模式的转型，腾讯从一个产品型的公司走向平台型的公司，并最终衍化出腾讯大生态，即腾讯的产业森林。

在这样的大背景下上线的微信则成为开放式腾讯最典型的作品。与封闭的 QQ 商业帝国不同，复盘微信的发展思路，我们可以看到它完全是按照马化腾“打造一个最成功的开放平台”的方向来运作的。作为一款全面开放的产品，微信在 2012 年推出微信公众平台，2013 年添加微信钱包以及拓展钱包的功能。之后它又推出现在的微信小程序，一直以开放平等、共同发展的姿态展现在大众面前。

除了全面且深入的产品开放之外，腾讯的开放还体现在对非领先业务的改革重组上。对于非领先业务，腾讯采用换股的方式与垂直领域的巨头进行合作。例如，2013 年 9 月，腾讯投资搜狗，双方达成战略合作。2014 年 3 月，腾讯投资京东，与京东建立战略合作关系，并将旗下的电商和物流部门全部并入京东。这些腾讯一直努力想要发展但未发展起来的业务，全部放手交给了合作伙伴，正如马化腾所说的“交出了半条命”。

最后一点是腾讯的广泛投资。据统计，2017 年腾讯平均每月买 10 家公司，大手笔让腾讯的投资版图遍布中外，从初创公司到行业巨头，从当前市场到未来前景，腾讯的资金活跃在各个领域。在初创公司方面，腾讯投资健身应用 Keep 和中科慧眼；在社交方面，投资了知乎、Same（一款社交软件）和 Snapchat（一款“阅后即焚”照片分享应用）；在汽车交通出行领域，腾讯投资了特斯拉、蔚来汽车、摩拜单车、易车商城和滴滴出行；在文化娱乐领域，投资了罗辑思维、猫眼电影和快手等。此外，腾讯还投资了美国 AR（增强现实技术）公司 Meta、美国手机游戏公司 Glu Mobile 等。

从客户角度来看，这些举措其实也从另一个侧面反映了腾讯从原本主攻 C 端市场变为在稳固 C 端市场的基础上，开拓 B 端市场和合作伙伴。相较有限的 C 端市场，与 B 端市场具备持续交易的基础，不仅能开拓新的增量市场，更有利于巩固竞争壁垒和自身的护城河。与合作伙伴共建一个促创新、共生长的新生态将是腾讯未来发展的诉求，而这个新生态，也正如马化腾所言，“会越来越像一片森林，变得更具多样性、协调性和承载力”。战略决定结果，结果验证战略，从 2010 年这个开放平台的生态战略实施到 2017 年，腾讯的市值增加了 10 倍之多。

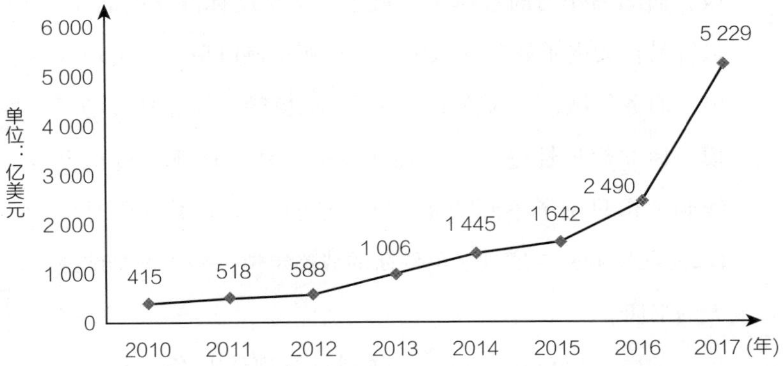

图 6–2 腾讯市值变化曲线

除了腾讯，不断向天际线攀升的另外一家互联网公司是前面我们提到的亚马逊。2018 年 9 月亚马逊的市值突破 1 万亿美元，成为美股历史上第二个市值破万亿的公司。过去5年亚马逊股价上涨了600%，亚马逊成为自1926年以来美股历史上涨幅最高的一家公司，涨幅超过50 000%。回顾这家公司的增长战略，我们可以发现，它的转型经历了三个重要的时段，从底线开始，到增长线并不断向天际线攀升。

亚马逊第一次业务增长的核心是成为“地球上最大的书店”（1994—1997年）。1994年，贝佐斯将亚马逊定位为“地球上最大的书店”。那时电子商务还处于萌芽阶段，而图书作为前置体验性最小，又高度标准化的商品，最容易作为电子商务的试验品类。亚马逊以单一品类切入电子商务领域，引入资本的力量，以巨额亏损建立市场规模，树立规模性壁垒。这场战役的成功，让亚马逊从上线到上市只用了不到两年，还彻底打败了同类竞争对手Barnes&Noble①，实现了贝佐斯的战略定位——成为全球最大的书店。

然而，2000年左右，互联网行业遭遇寒冬，大量的互联网公司倒闭，亚马逊的市值也大幅度缩水。在此种战略情境下，亚马逊如何逆势增长尤其关键。因此，贝佐斯

① 美国最大的实体书店，也是仅次于亚马逊的网上书店。——编者注

对亚马逊的业务结构进行了第二次调整，并将其战略定位转变为最大的综合在线零售商（互联网第一零售商）。这个增长战略持续了5年（1997—2001年），1998年亚马逊推出现在的logo（标志），amazon这个词的下方有个箭头从第一个a指向z，对应西方的一个俗语：A到Z，即包罗万象。这种增长意图非常明显，亚马逊不只是一家书店，还会扩展到所有商品和业务。贝佐斯以增长创新来抵御寒冬。在图书这个品类占领“头部”地位后，亚马逊有了扩大边界的基础，贝佐斯开始扩充电子商务的品类结构，从一个垂直电商转型成为超级规模效益型综合电商，按照增长的语言，这是一种以客户资产为核心、进行交叉业务衍生的增长战略。2000年11月，亚马逊推出了Marketplace服务，开始了与eBay的直接竞争；2003年开始签约出版商，从而拥有自己版权的电子书，把自己从书店向出版商进行延伸，以扩大利润区；2005年2月，推出前文提过的Prime会员体系。

在进行第二次增长战略的调整后，贝佐斯作为总架构师开始设计第三次业务增长模式的调整。他宣布，亚马逊的战略定位将逐步从最大的综合在线零售商转变为“最以客户为中心的公司”，变成一个巨大的亚马逊森林生态。

这里我们谈到亚马逊不断调整自己的“战略定位”，其中的关键词是“定位”，这是一个在中国企业家圈层中非常热门的词。但是，事实上大多数人所讨论的“定位”，与亚马逊所提的定位根本不是一个含义。从全局看，定位可分为三个层面，第一层是价值链定位，也就是企业从价值链的上游到下游占领哪些环节；第二层是业务定位，也就是回答“你是一家什么样的公司”，亚马逊的三次调整都是“业务定位”，这个定位直接决定一家企业的增长区间；最后一层被称为“心智定位”，也称为品牌定位，这才是特劳特[①]所说的定位概念。

自 2001 年以来，除了成为最大的综合在线零售商，亚马逊同时把“最以客户为中心的公司”（the world’s most customer-centric company）作为努力的目标，开始以原有电商的客户群为基石，以数据、客户资源为连接基础来进行扩张。

基于这种增长逻辑，亚马逊于 2006 年推出对未来影响极大的 AWS 云服务业务。AWS 客户超过 100 万，业务覆盖全球 190 个国家，在云存储领域占据了全球市场 50%

① 杰克·特劳特是定位理论创始人，被誉为“定位之父”。——编者注

的份额。AWS 为企业客户提供计算、数据库存储、内容交付等功能，这让亚马逊成了诸多互联网公司的基础设施建造者。2018 年第一季度，AWS 收入为 54.4 亿美元，同比增长 49%，资本市场普遍认为 AWS 将成长为价值 1.5 万亿美元的项目。如果说亚马逊在探索增长的天际线，那么 AWS 业务将成为其天际线中的底线。

除此之外，自 2007 年以来，亚马逊已向第三方卖家提供外包物流服务 Fulfillment By Amazon（FBA），在电商目录中增加了 28 个新品类，包括高速增长的鞋店——Endless.com。同样在 2007 年，亚马逊于 10 月推出了革命性的亚马逊 Kindle（电子书阅读器）。2009 年，亚马逊在全球增加了 21 个新产品类别，包括在日本的汽车、法国的婴儿用品以及中国的鞋类和服装。2010 年又推出 KDP（Kindle 出版服务）的前身自助数字出版平台 Digital Text Platform（DTP）。

在这个过程中，亚马逊一方面通过拓展业务进行内生性的增长，另一方面进行外生性的收购扩张。亚马逊围绕生鲜、数据应用、音频下载、生活用品等领域进行收购部署，其中 2014 年以 2 000 万美元入股上海美味七七，布局中国市场的生鲜业务。2012 年 3 月，亚马逊收购了自动化机器人公司 Kiva Systems，以提高在物流中心的分拣效率，并推出无人机配送计划来提高“最后一公里”的交付效率。与此同时，亚马逊开始尝试其开放战略，如收购英国的 Bookpages 书店，建立音乐商店，并收购 3 个数据应用网站（IMDb、Junglee、PlanetAll）。2014 年，亚马逊推出了拥有智能助手 Alexa 的 Amazon Echo 的智能音箱，并对源头技术进行开放，一年之内有 1 000 万开发者注册加入 Alexa 语音技术社群，把亚马逊的这项技术注入开发者的产品中。通过智能音箱，亚马逊又开始建立语音智能生活的终端入口。这些布局又反向激发亚马逊原有的产品布局，形成共生生态。

亚马逊的这些增长策略，都是以原有的客户资产为核心往天际线奔跑，让业务边界无处不在，但是又与传统公司多元化经营不一样，客户、数据、生态让这些业务具备核心的连接逻辑。亚马逊市值不断增长，从上市到现在涨幅超过 50 000%，其核心就在于在垂直平台取胜后，不断构建增长期权，并完成亚马逊森林生态，往天际线行走。如果再把亚马逊这些增长的维度进行梳理，会发现其生态系统有三个层面：第一个是内容布局，视频、音乐、图书这些领域亚马逊深度渗透，甚至还以这些娱乐内容为核心投资电影公司；第二个是布局消费电子，消费电子相当于内容输出的终端，这些终端主要有 Kindle 阅读器、Kindle Fire、平板电脑、Fire TV 机顶盒、智能手机 Fire、网页浏览器 Silk、Fire OS 等；第三个是生态系统基础建设，比如物流设施、AWS 云平台业务。

图 6–3　亚马逊市值增长曲线

如何设计天际线

不是所有的公司都拥有设计“天际线”的机会，能有这个想法的企业已经是很优秀甚至是卓越的企业了，是通过市场竞争检验，甚至在某个市场领域做到垄断规模的企业了，只是它们还需要不断突破，不断地去追求卓越。

企业要想做到天际线，有三个方向：第一，重新想象，以“认知革命”改变对行业的定义；第二，击破成长天花板及企业的边界，衍化成生态；第三，不断释放增长期权。

重新想象，以“认知革命”改变对行业的定义

西方商业史上最有影响力的咨询顾问应属彼得·德鲁克，前面我也提及过他，除了帮助韦尔奇做出“数一数二”决策，德鲁克喜欢用苏格拉底问问题的方式向企业家提问。有一年我去位于美国西海岸的德鲁克基金会访问，在这里有个展示德鲁克生平、贡献的博物馆，里面保存了很多信件资料及其所著的珍贵书籍。但这个博物馆的

核心区就只有彼得·德鲁克的一句话，也是他当年问倒无数 CEO 的咨询问题：你的业务本质是什么？（what’s your business）？

这真是一个简单而又无比有力的问题。要做到天际线，你首先要想清楚业务的本质是什么，因为你的认知决定了你跳跃天际线的姿势。很多大型的公司现在开始设置首席战略官（Cheif Strategy Officer，CSO）这个岗位，我经常和一些企业家开玩笑说，这个岗位非常重要，因为战略决定未来。但是如果你要跳跃到天际线，CSO 这三个英文字母可以保留，但是内容要变一变，CSO=Cheif Story-Teller Officer，也就是首席讲故事官。战略官需要能讲增长的故事，要能从认知上去击破企业的天花板。

大家都很熟悉优步，很多人的手机中都装了这个应用软件，那么我们可以借用德鲁克的问题问一句：优步究竟是做什么的？优步的业务本质是什么？是打车软件吗？是运输服务公司吗？要知道，优步只用了 3 年时间，市值就突破了 600 亿美元，超过了具有百年历史的美国三大汽车企业，直接向天际线奔去。

思考优步的业务本质与天际线，我们先要回到原点，从头说起。

优步的故事源于2008年的一个下雪夜，有两个人在巴黎街头迟迟打不到车，于是他们萌生“按一下按钮叫车”的想法，甚至还打算“购买10辆S级轿车，打造豪华汽车租赁公司”。2009年优步成立，并于2010年开始在旧金山推出移动网络约车服务。优步的基本模式是，需要打车服务的人可以随时随地用手机呼唤司机，有车的人可以在优步上注册，在方便的时间接单。智能手机的普及、定位系统技术的发展、算法匹配让出行人群需求与闲置车辆资源的交易成为可能，并能以极低的边际成本提供服务。

2013年优步的收入仅为2.2亿美元。2014年6月，纽约大学商学院金融学教授 阿斯沃斯·达摩达兰（Aswath Damodaran）认为优步价值为59亿美元，这是基于全球汽车服务市场和优步市场份额及市场潜力评估出的市值。而风险资本专家比尔·柯尔利（Bill Gurley）参与了优步的早期融资，他在博客上发表文章反对阿斯沃斯·达摩达兰的说法，给优步的估值为250亿美元。2014年12月，优步估值为400亿美元。

不同的估值，本质上反映出不同的企业定位和不同的市场规模假设。根据全球汽车租赁服务市场和优步市场份额及市场潜力等关键假设而将优步定义为汽车租赁服务企业，那么只有当市场达到3 000亿美元或者优步的市场份额超过20%时，优步的估值才能达到170亿美元。而比尔·柯尔利的250亿美元估值，所基于的企业定位和市场规模假设的方式是完全不一样的。比尔·柯尔利是基于共享经济理念，把优步定义为可以不断延伸和衍生的出行服务商，若以这种方式来预期，那么整个市场规模就在4 500亿~1.3万亿美元。“共享经济”的提出，就是对优步估值进行测量的“认知革命”。

基于不同的认知，优步的增长价值区间完全不一样。在“共享经济”这个认知下，优步不断释放出增长期权，从底线往天际线扩张。优步最初面向高端市场，真正爆发是在2012年6月，随着优步X业务的推出，优步开始走平民化路线。从此，降低用户使用成本成为优步持续的追求：2014年，优步推出拼车业务优步Pool，再一次降低使用成本，优步Pool价格比优步X便宜50%。在旧金山，优步Pool占优步总订单数的50%。2012年以来，优步全球扩张，迅速覆盖58个国家、310个城市，全球司机超过100万，每天接送100万人次；2014年，优步正式登陆中国市场；2015年7月，其估值达500亿美元；2013

年 7 月，在纽约上线优步 Chopper 直升机；2014 年 4 月，优步 Rush（同城快递）上线；同年 8 月推出优步 Fresh（快递服务）；2015 年，上线优步 Cargo（货运服务）。此外，优步还利用商业模式进行了许多短期测试项目，如优步 Icecream（配送冰激凌），优步 Tree（圣诞树）和优步 Movers（搬家）。

优步的发展和衍化是企业界限不断突破、认知不断重塑的过程。知名科技评论员迈克尔·沃尔费（Michael Wolfe）曾这样评论优步：

> 如果你把优步看作一家在一些城市有分公司的汽车服务公司，那它的规模不算大；
>
> 如果你认为优步把握住了几十个城市的汽车市场的主动权，而且还在不断扩大，那么它的规模算是大了一些；
>
> 如果你认为优步提供了私人运输服务，比如接送你的孩子上下学，接你上班，去机场接送你的父母，那它的规模会越来越大；
>
> 如果你觉得优步可以替代你自己的车，那它的意义更大了；

如果你会使用优步的无人驾驶车系列，这个团队会进一步发展；

如果你觉得优步是一台巨大的计算机，指挥着几百万人或物品在全球流动，那你面对的就是世界上最大规模的企业之一。

对公司本质定义的不同，会形成公司不同的价值，好的增长逻辑所勾勒出来的业务可以让企业的价值突破天际线。就像美团四处出击，看不到边界的时候，王兴重新定义了美团业务新的本质——美团的未来是“服务领域的亚马逊”，王兴把美团的增长锚放到了亚马逊和淘宝上，他说：“亚马逊和淘宝，是实物电商平台（e-commerce platforms for physical go ods），而美团的未来是服务电商平台（an e-commerce platform for services）。”

击破成长天花板及企业的边界，衍化成生态

如果说改变对业务本质定位的认知是基础，那么越过天际线的第二条策略就是“击破成长天花板及企业的边界，衍化成生态”。

这句话里有三个核心词语：天花板、边界、生态。我们先看“天花板”。天花板是指企业或行业的产品（或服务）趋于饱和的状态，也可以说是业务发展的极限。当然，企业的天花板和行业的天花板是不一样的。行业的天花板主要指的是行业的规模和前景，具体来讲，就是要问这个行业发展的极限在哪儿，是不是一个“水大鱼大”的池子。前文我们讨论优步融资案例时就发现，在不同的假设下，增长的池子有百万倍的差距。而企业的天花板，除了行业规模这个要素之外，还受到企业能力和边界的影响，也就是说赛道够长、池子够大，但你有没有能力爬上去？你能不能摆脱企业边界的限制？行业天花板可以通过选择赛道和“改变认知”来解决，而企业边界是什么？又如何去打破？这成了企业家突破天际线的核心问题。

企业边界是指企业基于核心竞争力，在与市场互动过程中形成的业务范围和业务规模，其中经营效率是关键因素。小艾尔弗雷德·钱德勒发现，当企业规模边界的扩张无法产生效率时，企业应该停止扩张活动，规模边界也因此确定。诺贝尔经济学奖获得者罗纳德·科斯从交易成本的角度研究组织边界问题，他认为市场和企业组织执行相同的功能，它们是两种可以相互替代的机制，而无论是使用市场机制还是使用组织机制，都有成本。市场机制被替代是由于存在市场交易的成本，而企业的边界不可能无限扩张，因为企业组织也有成本。因此，科斯认为企业的界限是由交易成本决定的。他认为，企业的最佳边界存在于市场交易成本与企业组织运营成本之间的平衡点。

但在新的数字经济下企业边界在不断被击破。为什么？回到钱德勒和科斯的逻辑上，传统的企业受制于经营范围和规模，扩大到一定阶段效率就会下降，但是我们看今天亚马逊的攻城略地、腾讯的产业森林、阿里巴巴的全生态系统，都在不断把规模进行无边界地扩充，这本质上是由于经营要素从传统的土地、资本、劳动这些有形的资源走向无形资源，比如流量、客户资产、大数据。这些资源使用得越多越有价值，而非效能递减，资源可以共享、无限使用。另外，由于互联网的连接，信息逐渐走向对称，又使得企业的组织成本和协调成本在互联网的"连接"下急速降低，这让企业有机会跨越转折点——从规模经济到规模不经济的点，即企业的边界点。所以现在我们可以看到，那些不断攀越天际线的企业，都在构建生态，而生态的本质就是把企业的核心能力，用杠杆的方式与外部资源进行交易，使原有的业务领域扩展到无穷多的边界，使企业的业务从 *n* 走向无穷大。通俗地讲，企业要从价值点上的企业、价值链上的企业，走向价值网上的企业。所谓价值网就是指生态，生态战略是构建企业天际线最重要的策略。

第一个提出生态战略概念的是美国学者詹姆斯·穆尔（James F. Moore），他在 1996 年出版的《竞争的衰亡》一书中引用生物系统的概念，创造性地提出“商业生态系统”的新概念，来描述当下市场中的企业活动。商业生态系统是一种全新的企业组织和资源交换方式，原有的企业组织模式是科层制，后来又向平台转型，但现在的生态系统模型可以充分反映企业间资源的协调和聚合。如果说科层级应用的公司价值十亿量级，平台型的公司价值百亿量级，那么生态型的公司价值就是千亿量级。

腾讯的产业森林本质就是生态战略的一种表达。产业森林打破了传统的行业边界，通过跨界融合，把不同的行业连接为一个整体，相互协作，资源共享。马化腾说：“对于腾讯来讲，我们过去是做生意，现在是做生态，这是自身成长自然的使命转变。如果我们过去的梦想是希望建立一个一站式的在线生活平台，那么今天，我想把这个梦想往前推进一步，那就是打造一个没有疆界、开放共享的互联网新生态。”跨越高速增长期后，传统企业往往触及能力边界，业务范围和经营规模形成瓶颈，无法保持快速增长的趋势，但一旦边界被打破，就会出现一条迅猛增长的新路径。开放平台可以打破企业家能力的边界。平台会为用户提供基本服务，然后通过开放接口，以便第三方开发人员通过使用和组装平台接口的资源来创建新的应用，并且该应用能统一在平台上运营。封闭系统总是有边界，开放系统可以迅速打破高速增长的藩篱。

传统时代的战略以竞争战略之父迈克尔·波特提出的竞争战略为核心，但在数字化时代要攀越企业的天际线，竞争战略必须过渡到生态战略，这也是迈克尔·波特近 5 年反复提醒企业要创造“共享价值”的原因。2018 年在哈佛商学院的高级经理人论坛上，迈克尔·波特甚至直接提出：“未来的超级价值公司，是以价值观为纽带，贯穿市场增益价值所形成的生态系统。”

然而，当前生态战略在中国又是一个相当模糊的词语。乐视之所以今天落得如此境地，“生态化”难辞其咎，但我们不能说乐视的失败就是“生态型战略”的失败。

2016 年 8 月，北京大学国家发展研究院教授陈春花到乐视调研，留下一句耐人寻味的话："生态型战略完全可以是一个描述性或者前瞻性的战略，但要实现这个战略，必须有切实的解决方案。"此话暗指乐视缺乏"切实的解决方案"。反观同样执行生态型战略的腾讯和小米，其结果与乐视截然不同。小米形成了独有的"生态链战略模式"，从培训、投资到管理、赋能，使其估值呈指数级增长。因此，我们应如理查德·鲁梅尔特一样追问：什么才是真的生态型战略，什么是伪的生态型战略？什么才是好的生态战略，什么是坏的生态战略？我试图通过图 6–4 来解释生态型战略。

关于生态型战略，我的第一个观点是：所有生态型企业都是通过共享六种核心资源而建立的，我将之称为六大生态要素。我将六大生态要素分为供给侧和需求侧两类：需求侧包括客户资产、品牌价值、渠道的生态化共享；供给侧包括源技术创新、人力资源、生产制造这些核心资源的共享。

需求侧的第一个要素是客户资产。例如，腾讯的所有子生态企业，几乎都是依靠 QQ、微信的用户流量及用户数据而建立的。而阿里巴巴生态则始于拥有 4 亿多用户的

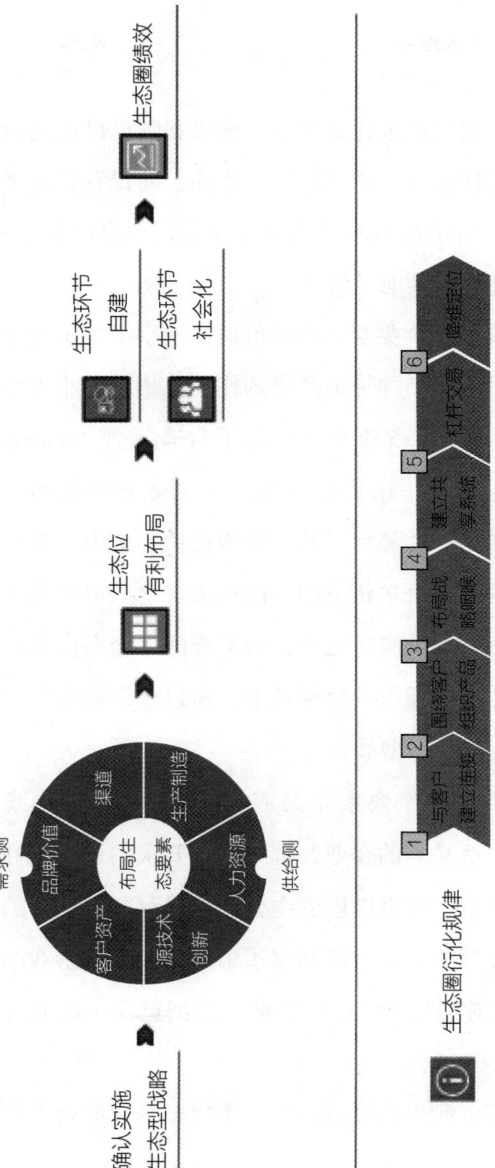
确认实施
生态型战略
需求侧
供给侧
品牌价值
渠道
生产制造
人力资源
源技术创新
客户资产
布局生态要素
生态位
有利布局
生态环节
自建
生态环节
社会化
生态圈绩效
生态圈衍化规律
1 与客户建立连接
2 围绕客户组织产品
3 布局战略咽喉
4 建立共享系统
5 杠杆交易
6 降维定位

图 6–4　生态型战略

淘宝网，围绕淘宝逐渐建立生态。腾讯和阿里巴巴这两家企业与用户连接性强，用户转移成本高，使得它们最终形成强势生态。而乐视与用户的连接性弱，独家内容一断，消费者就会转移到其他平台。

需求侧的第二个要素是品牌价值。从小米生态链企业华米的表现可看出品牌价值共享的作用。华米是小米手环的出品公司，于 2015 年 9 月推出了自有品牌 Amazfit 手环。但时至今日，华米仍有 80% 以上营收来自使用“小米”品牌的产品。这显示了共享品牌价值的威力。我在海尔做调研时发现，海尔旗下的小微和创客之所以融入海尔周围，除了金融、供应链之外，很重要的一个原因是海尔品牌给市场建立了强大的信任基础，所以张瑞敏在内部一直提及如何打造生态型品牌。

需求侧的第三个要素是渠道。乐视、海尔、小米的主要产品是消费品类的企业，都与符合要求的子生态共享了渠道。而腾讯、阿里巴巴的主要产品是互联网软件的企业，也在重要环节与子生态共享了渠道，如腾讯游戏的极光计划、UC 浏览器（阿里巴巴推出的浏览器）的海外分发渠道。

如果说需求侧生态要素决定了子生态企业能否生存得

好，那么供给侧要素，则决定了企业自己的能力是否可以被杠杆化。

第一个供给侧要素是源技术。源技术创新往往研发门槛高、周期长、成本大，但又是子生态企业所必需的，依靠子生态企业自身的能力往往无法落地，这时就需要生态企业共享源技术。例如，2015年的“11 · 11”，独立海外电商平台“嗨淘”实现了21.7万个订单，这样的高并发量，中小企业的系统往往无法支撑，但借助阿里巴巴云计算技术的帮助，未发生一个漏单或错单。

同样的，生态中有没有合格的团队很重要，这就涉及第二个供给侧要素生态的人力资源布局。如雷军所说：“避免小米成为一家大公司。如果我们自己搞77个部门去生产不同的产品，会累死人，效率也会低下。我们把创业者变成老板，小米是一支舰队。”这也是腾讯做青藤大学、小米做谷仓学院的原因——帮助遴选出的团队梳理战略、组织、提供咨询服务并在此基础上投资，确保这些人力资源服务于自己的生态战略。

生产制造/产品实现是第三个供给侧要素。这一生态要素能帮助子生态企业降低试错成本及降低产品实现门槛，更重要的是能够帮助企业建立成本优势，形成竞争壁垒。如在华米出品的小米手环上市前，国内手环价格在500~800元，进口的在800~1 200元，但华米借助小米供应链优势，竟把零售价格控制在了100元以内。巨大的成本优势带来的是巨大的竞争优势，第一年小米手环就卖了1 200万只。

六大生态要素好比化学基本元素，不同的组合可能得到完全不一样的生态图谱，这种不同的组合方式，称为生态要素布局。在这里我提出关于生态型战略的第二个观点：好的生态型战略来源于有利的生态要素布局。生态要素布局有两条规律：第一，优先布局需求侧要素。在多数情况下，需求侧布局的企业生态发展规模要大于供给侧布局的企业。这就是互联网公司或者数字型公司谈到的“以用户为核心”的增长逻辑。第二，从需求侧的三要素布局讲，客户资产 > 渠道 > 品牌价值。这也是BAT市值按照TAB来排列的原因。腾讯是强连接的客户资产，阿里巴巴的核心在商业渠道。当然，这也是百度与前两者价值差距的原因。

如果说六大生态要素及其布局规律回答了“什么是生态型战略”和“什么是好的生态型战略”的问题，那么“如何一步步将生态型战略落地实施”则要由六个步骤来实现。这六步依次是：与客户连接、围绕客户扩张、战略咽喉布局、建立共享系统、杠杆交易和降维定位。

第一步是与客户连接。与客户连接要求企业充分使用互联网技术并建立自身的数据中心，这也是张瑞敏宣称“海尔的目标就是成为互联网公司”的原因。例如通过QQ和微信获得的逾10亿社交用户，腾讯能围绕这两款核心产品建立用户数据体系，也能够通过两款产品内的信息通道触达用户；而小米创业初期则是通过小米商城及小米操作系统，积累了1.8亿~2亿的活跃用户，他们大多数是17~35岁的“理工男”，有一致的价值观。

第二步是围绕客户扩张。企业在利用核心产品与客户建立连接后，应围绕客户组织产品以实现初步扩张。例如，阿里巴巴在推出淘宝网大获成功后，围绕中小卖家发展了解决货源问题的1688.com平台，解决交易信用问题的支付宝及解决物流问题的菜鸟网络等，这些子生态企业均由阿里巴巴内部孵化而来。再看小米，从手机开始，到手机周边，到智能硬件，而后是生活耗材，其中手机以外的产品都是由外部子生态企业孵化而来。围绕客户扩张是整个生态的演进原则，而在生态系统形成的早期阶段这一步往往是由企业内部孵化实现的。

第三步是战略咽喉布局。前面我们谈到生态型企业战略构成的六大要素。这六大要素中，无论企业是布局供给侧，还是布局需求侧，或者是布局这六大要素中的任何一个环节，都会出现不一样的结果。然而六大要素中，能够形成战略咽喉的只有客户资产、源技术和渠道。

第四步是建立共享系统。共享系统是生态型企业的根系所在，企业需要一套清晰的规则来对六大核心要素的资源共享进行有效管理。马化腾曾说，"我有一个愿望——哪怕只有一两个人的小公司，只要有好的创意，我们就可以帮助它把注意力集中在产品开发上，其他问题不用考虑太多"，这表明了共享系统的效用。

第五步是杠杆交易。企业以共享核心资源作为支点，换取子生态企业股权的过程即是杠杆交易，所谓杠杆，是指以小资源撬动大价值。华米 80% 的营收来自小米品牌的产品，但小米对其投资占股不到 20%，这样的做法既保证了子生态企业的独立性，使它们能够独立组织资源，如独立上市，又为小米节省了现金，因为华米对小米的依赖性大，即使小米不对其控股，也能够保持较大的影响力。

第六步是降维定位。生态企业与其他企业一样，都需要明确的价值定位，以帮助消费者形成有效认知，形成积极联想。降维定位是生态战略成功实施的保证。例如，定位为“移动互联网企业”的小米，打造的生态链定位则为“智能硬件”，使得小米能向生态链企业输送客户和技术标准。而以视频内容起家的乐视网，在扩张业务时，进入了网约车、造车等不同维度领域，既使得乐视生态无法被市场有效认知，又使得乐视自身资源无法满足生态企业需求，不得不另行筹措，负重前行。

经过对生态型战略判断标准与执行步骤的剖析，我们能发现，自称“生态型企业”众多，真实情况却千差万别。结合实例，我们可以再问一次：哪些才是真的生态型战略，哪些是伪生态型战略？哪些才是好的生态型战略，哪些是坏的生态型战略？腾讯以持客户强连接资产而执牛耳，生态已孵化的市值超过了腾讯，其生态战略疆域若要再突破，核心在供给侧的源技术布局。而阿里巴巴以渠道为核心，构建大数据的基础设施，并有效构建商业生态，其生态战略疆域若要突破，关键在于需求侧的客户资产，即如何让自己的客户强连接能力逼近腾讯。再看百度，其需求侧三项中至少两项低于腾讯、阿里巴巴，因此百度把战略重心调整到源技术，全押人工智能。在供给侧的创新能否成功，直接决定了百度生态战略的基础和未来的生态边界。

不断释放增长期权

击破天花板，迈向天际线的第三个策略就是不断释放增长期权。企业价值除了对确定性价值进行现金流折现之外，另一部分则是对未来增长机会的折现价值，这就是增长期权。这是腾讯、亚马逊不断在原有的客户资产的基础上，进入新行业的原因。

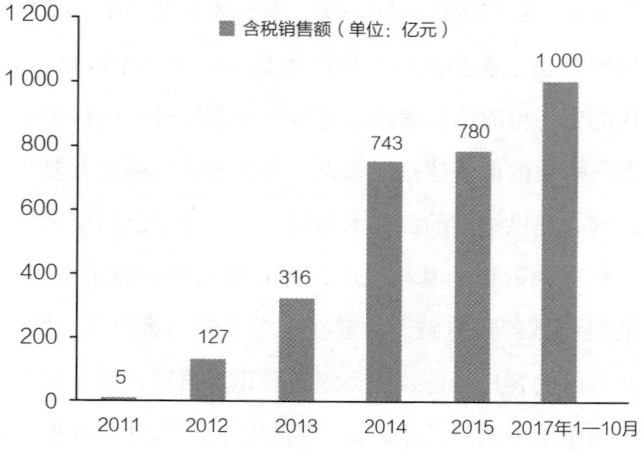

图 6–5 近年小米手机销售规模

我们以小米为例。小米以互联网手机起家，在苹果手机风头正盛和国内安卓手机市场被合约机掌控的情况下，以价格低廉、性价比高的特性，迅速俘获了一大批手机发烧友的心，这批铁杆粉丝让小米在安卓手机市场中风头无两。2013 年，小米手机销售量达 1 870 万部，销售额达到 316 亿元。

但小米的目光并没有局限在低价手机上，而是着眼于布局小米生态链这一新的长远版图，即借助生态链的方式，将小米的模式扩展到不同的行业，在不同行业都打造性价比高的爆款，建立了一个围绕手机业务而生的小米生态系统。因此，2013 年，洞察到物联网风口的小米从打造爆款手机周边产品（移动电源）切入，打造智能硬件生态链。2013 年 9 月，小米发布了小米电视；2014 年 5 月，发布小米平板电脑；2015 年，发布运动相机、九号平衡车、空气净化器，还上线了小米金融 App；2016 年 3 月，发布了米家平台；2016 年 7 月，发布了红米 Pro（小米的一款手机）、小米笔记本；2017 年 2 月，发布旗下手机芯片松果澎湃 S1 和搭载此芯片的小米 5C 手机……我们可以看到，小米的生态链领域由手机到手机周边及相关电子产品逐步扩散到与智能家居、智慧生活相关的智能硬件，如电饭煲、空气净化器等，甚至扩展到如床上用品、文具箱具等生活用品领域。小米生态链已经在小米手机周边产品、智能硬件、生活家居三大圈层布局。如今的小米已经不只是一家互联网手机公司或智能硬件公司，而是一个以“硬件、新零售和互联网服务”为核心的生态帝国。

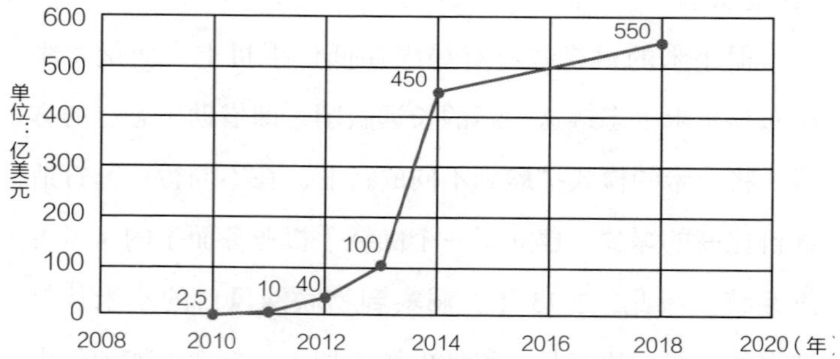

图 6–6　小米估值及市值

如今，在硬件上，小米的智能家居生态链已基本形成规模，手机、电视、路由器等已占据稳定的市场份额；互联网服务方面，涵盖了 MIUI、互娱、云服务、金融及影业等业务，2017 年该方面创造的毛利已达 59.6 亿元，年复合增长率达到 69.3%。而新零售生态系统，则由线上的小米商城和小米有品、线下的小米之家三者共同搭建而成，小米之家未来 5 年的营业额预计能达到 700 亿元左右。

小米在选择合适的企业来合作打造产品时，也会根据产品售卖情况投资优秀的合作伙伴，把其培育和孵化成自身的生态链企业。这种投资不仅能够赚取收益，也能将小米的企业管理和产品方法论、企业价值观等进行输出，同时解决供应链的问题。据其招股说明书，截至 2018 年 3 月 31 日，小米已经投资和管理 210 多家公司，包括生态系统中的 90 多家硬件公司，其中有 16 家年销售额过亿元，至少 4 家估值超过 10 亿美元。

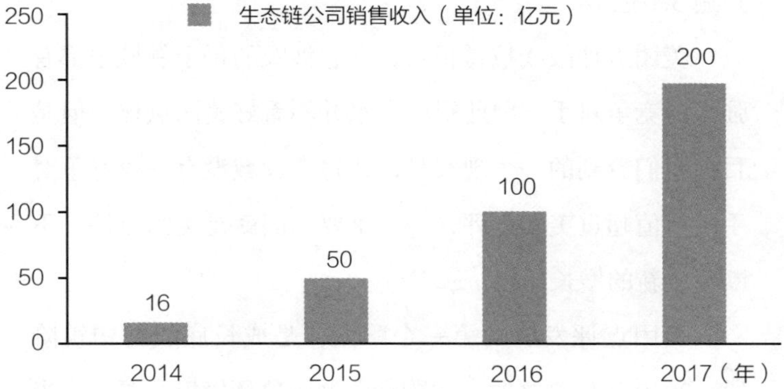

图 6–7　2014—2017 年小米生态链公司销售额

另外一个通过不断释放增长期权来击破天花板、不断高速增长的企业是美团点评，我们来看王兴是如何用未来赋能现在的。美团点评于 2018 年 9 月 20 日正式在香港

IPO，市值达524亿美元，超过小米和京东，正式跻身于中国互联网四大巨头，仅次于BAT。

中国最早的第三方消费者评论网站是大众点评，成立于2003年，团购网站美团网成立于2010年。2015年10月，美团网与大众点评合并成立美团点评，涉及团购、外卖、酒店预定、旅行票务、电影、网约车、共享单车等吃喝玩乐游综合生活服务场景。截至2017年底，公司实现GMV 3 570亿元，平台上拥有超过550万的商家，活跃用户逾3.1亿。

美团点评战线拉得很长，在它涉及的每个领域中都有强大的竞争对手，因此很多专家并不看好美团点评。但是目前我们看到的一个现实是，在每个领域没有一家竞争对手的市值超过美团点评，一个重要原因就是美团点评在不断释放新的增长期权。

美团点评发展的第一个阶段，是成长底线的构筑阶段。2010年成立之时，团购行业的竞争环境极为恶劣，当时团购平台不下千余家，服务模式高度雷同。王兴的美团从几个角度入手破局：第一，扎实基本功，培养具有强大地推能力的团队，降低获客成本；第二，寻求外部支持，寻求咨询公司帮助搭建具体城市扩张计划，建立可靠的成本管控措施；第三，在大部分平台着眼于一线城市市场时，美团率先下沉到二三线市场，成为“一线看大众点评，二三四线看美团”的双巨头之一；第四，提升服务质量和水平，增加客户黏性。面对千余家团购网站的惨烈厮杀，最终美团生存了下来，市场份额一度达到80%，为未来的发展打下了坚实的基础。

到了2015年，在资本推动的行业合并浪潮之下，在滴滴和快的合并之后，美团选择与大众点评强强联合，双方结束了数年你来我往的残酷市场博弈。从此之后，在团购市场上美团点评已经是市场占有率第一的龙头老大，其也可以开始投入全部精力思考下一步的增长战略路径。

美团点评拥有超过1亿用户，平均每位用户每年使用超过8~10次。如何将具有高黏性的客户资源最大化利用，构筑企业的高速增长曲线，是王兴面临的下一个重要课题。王兴的构想是，美团点评应是“Food（食品）+技术平台”，Food是业务基础，技术是手段，基于互联网与消费者生活的连接是增长逻辑。因此，不断探索其增长期权是美团点评增长的核心战略。美团点评以消费者生活场景为延伸基础，在消费端横向扩张：2014年切入外卖，

2015年切入酒店旅游和出行票务预订，2017年切入网约车，2018年切入生鲜O2O和共享单车等领域，涵盖商店、家庭、旅游和零售四大场景，形成完整的商业闭环；向上则整合产业链：赋能餐饮企业，提供基于云的ERP（企业资源计划）、聚合支付等专业服务，搭建食品供应链，进一步提升战略护城河的深度。

今日资本的徐新在投资美团点评前，在中国的三四线城市做了几个月的调研，确认美团点评在用户心中是一个“吃喝玩乐的超级平台”。对于美团点评被外部评价为“看不到的边界”，徐新则表示：“做传统行业一定要很专注，但是做互联网其实要做八爪鱼，爪伸得到处都是，专注的都不灵。要把边际打开，每个用户价值体现在多业务上，只要你管理得好，选对赛道，这些网络效应就会持续扩大。”

为消费者提供各种生活服务，同时为客户提供流量导入、经营支持等服务，这让美团点评最终定位于“生活服务电子商务平台”的战略方向，这也是美团试图跨越天际线的策略，美团点评通过不断对未来增长机会的提前布局形成的超级生态圈，正在逐步奠定其在生活服务领域的霸主地位。

同样不断释放增长期权的还有今日头条。在6年的时间里，今日头条产品布局已从早期的图文资讯，扩展至短视频、知识问答、微博客等领域，累计激活用户数已经超过7亿，在国内综合资讯平台中排第一。其中，用户的月活跃数高达2.63亿，月均使用时间超过20个小时，用户活跃度仅次于微信。通过完备的产品矩阵，今日头条逐步打造了一个庞大的“内容帝国”。今日头条发展的速度之快，对国内互联网市场带来的影响之大，远远超乎行业的想象。今日头条的业务能够快速增长，其秉承的发展战略是“占据更多用户的更多时间”“与用户的时间做朋友”。不论是自身业务的拓展、财务投资的推行，还是向海外市场的进军，今日头条都围绕着这一核心增长战略而展开。

与底线、增长线以及爆发线的设计不一样，想要去跨越天际线的企业家必须有情怀和梦想，如果说战略是“做正确的事”（do right things），管理是“正确地做事”（do things rightly），那么企业家精神就是“做不可能的事”（do impossible things）。想要跨越天际线的企业家，必须要回归企业家精神，敢于做“不可能的事”，这才是跨越天际线所应具备的基本素质。

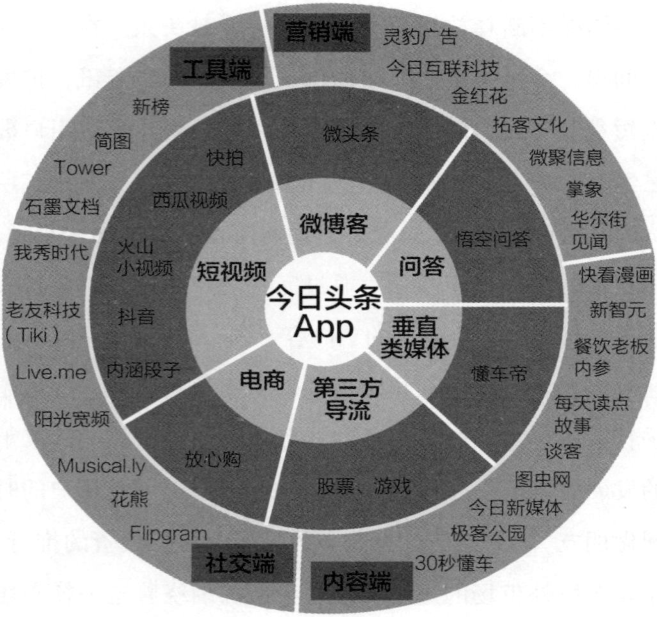

图 6–8 今日头条业务布局

备注：内圈为今日头条自有业务，外圈为今日头条投资布局业务。

本章小结

- 天际线反映企业估值或企业价值的上限。
- CEO要做到天际线，有三个方向；第一，重新想象，以“认知革命”改变对行业的定义；第二，击破成长天花板与企业的边界；第三，不断释放增长期权。
- 要“改变与定义行业”，德鲁克提出了一个简单而无比有力的经典问题：“你的业务本质是什么？”（what’s your business？）对公司业务本质不同的定义，造就不了不同的价值估算标准。
- 越过天际线的第二条策略是“打破成长天花板与企业的边界，衍化为生态”。数字化让企业边界不断被打破，未来的超级价值公司都是生态系统，生态型企业都是通过六大生态要素（客户资产、品牌价值、渠道、源技术创新、人力资源、生产制造）进行共享与重构而成。
- 迈向天际线的第三条策略是“不断释放增长期权”，增长期权是未来增长机会的折现价值。

第七章

增长五线：五线之间的切换

如何在稳健与激进中穿梭，是考量 CEO 掌控企业增长机器是否熟练的最重要指标。

——GE 集团前 CEO
杰克·韦尔奇

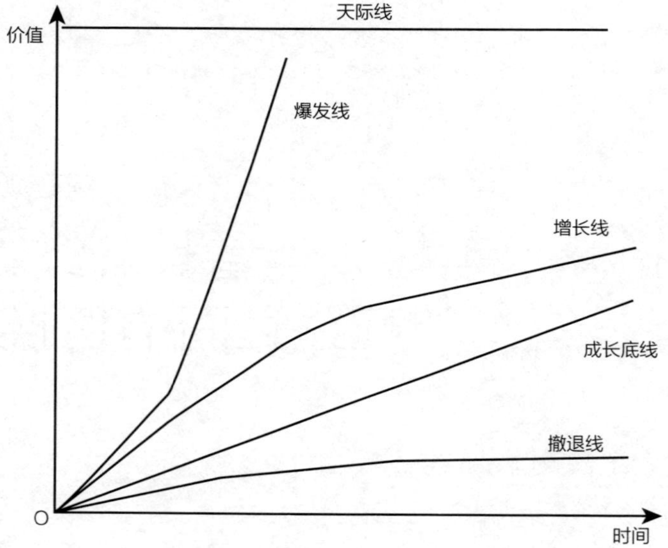

图 7–1　企业增长五线

增长节奏：五线之间如何切换

前面的章节中我们谈论了关于企业增长的五根线——撤退线、成长底线、增长线、爆发线以及天际线。本章中，我们来讨论企业增长战略在这五根线之间的切换。杰克·韦尔奇在接管 GE 的第 20 年，感慨于这家巨型多元化公司经历的发展低谷与高峰，说道："如何在稳健与激进中穿梭，是考量 CEO 掌控企业增长机器是否熟练的最重要指标。"

关于增长五线的转换，我首先提出一条原则，那就是这五根线之间可能有交叉，也可能存在一定的演进关系，所以同时思考多根线的布局尤为重要，只有在这种假设下，制定出来的市场战略才是动态变化的。比如撤退线和成长底线，都属于企业早期发展阶段需要重点考虑的线，这两条线的布局就可能有交叉，在企业布局成长底线的时候，也可以同时想想最佳出售或者退出的价值区间，这并不矛盾。

我们看滴滴是如何动态切换这五根线的。滴滴的第一个增长周期是发展探索期，这个时期的核心是验证需求，需求一旦成功，撤退线和成长底线就应该进行交叉性设计。从 2012 年 6 月滴滴团队开始创业到 2014 年 1 月的这段时间，可总结为滴滴发展的探索期。在此期间，滴滴针对出行市场中下雨天、高峰期、夜晚等特殊时段内出租车供不应求的痛点，开发了在线叫车平台 App。

需求验证一旦成功，就要不断探索成长底线。设计成长底线的一个很重要的策略就是建立持续交易的基础，所以滴滴的市场启动策略选择从已有的出租车公司入手，签约出租车公司，为出租车司机安装客户端，从 B 端拓展司机的数量。从 B 端入手的好处是可控、可管理，投入回报比可以预测，即以出租车公司为渠道，直接从“鱼池”中抓出潜在渠道，补贴出租车司机，这样用户数量的增长容易分解，也容易和资本去谈需要投入的资金。为了留住这批司机，滴滴为他们提供了一周 5 元的流量补助，以保住成长底线。而 App 的优化升级也提升了司机端的体验，增强了司机与平台之间的黏性。2013 年，滴滴获得了腾讯 1 500 万美元的投资，并借此于 2014 年进入快速增长期。

形成成长底线的一个核心就是竞争应对与壁垒形成。这个时候如何面对竞争尤其关键，它决定了成长底线是否坚固。竞争对手快的总部在杭州，几乎和滴滴同期创立，是长三角地区当时最大的打车公司。2013 年上半年，大黄蜂在上海市场异军突起，这家公司采取聚焦战略，以 100 人的团队，专攻上海一个城市，而当时滴滴以 100 多人的队伍，同时进军 5~6 个核心城市。大黄蜂单点突破的方式，收效很大，这种打法是典型的不对称竞争的手法。大黄蜂的战略设想是，一旦把上海拿下彻底占据领先优势后，就通过融资再向其他城市扩张，这在营销中也叫作 ARS（Area Roller Sales，区域市场滚动战略）。为了应对大黄蜂的进攻，滴滴采取了“魔术布策略”，即大黄蜂打哪里滴滴就把兵力布局在哪里，大黄蜂不进攻的地方滴滴就先不用重兵。同时为了巩固底线市场，滴滴还单独拿出了剿灭大黄蜂的预算——在上海市场增加 300 万美元专门来剿灭大黄蜂。重新把力量集结到上海后，滴滴在上海的市场份额逐渐追平了大黄蜂，这时候滴滴、快的、大黄蜂三家公司的市场占有率相差不大。

兵法中讲“围三阙一”，剿灭对手，不如给对手设置一个“撤退线”，这样可以减少弹药耗费。在滴滴、快的以及大黄蜂三家混战时，滴滴听闻大黄蜂在找百度融资，而当时快的已拿到阿里巴巴投资，打车软件市场即将变成BAT各投一家的战场。但滴滴创始人程维给出的信号非常明确，要用一个月的时间把大黄蜂在上海的数据砸下去，让百度放弃投资。最终，在2013年下半年，快的并购了大黄蜂，竞争从三国演义转为两强争霸。2015年2月14日，打车软件市场最大变局发生，滴滴打车与快的打车联合发布声明，宣布两家实现战略合并，滴滴帮助对手撤退的同时实现了对自己成长底线的彻底巩固。

在这个过程中成长底线又和爆发线实现了交叉。由于网约车属于新型互联网服务，所以产品有一个导入期，而根据大爆炸创新理论，社交媒体、数字化连接的出现可以让消费者更快地认识到新产品。所以，产品的市场扩张可以变成一个非常陡峭的曲线，在这个情境下，滴滴和快的都用巨额的资本补贴把市场烧到爆炸线。滴滴快的之战中，双方合计发放了20多亿元的市场补贴，共同培育了巨大的市场，半年内，滴滴的用户数翻了近5倍。据统计，两家公司合并后的市场份额高达90%。2014年初，滴滴正式接入微信，微信作为滴滴的社交媒体传播平台和移动支付手段，促使滴滴迅速扩大市场规模，利用微信的平台资源得以接入海量用户。滴滴在微信平台上形成了规模壁垒，快的被挡在壁垒之外。因此，与微信的合作成为滴滴相对于快的最大的优势，滴滴的成长底线彻底构建完成。

巩固城池与爆发并行后，2014 年 8 月开始，滴滴开始布局增长线，不断探索新的增长区间。2015 年 3 月至 2016 年 9 月，是滴滴业务的横向拓展期。在上一个用户数量爆发阶段中，滴滴走出了业务细分领域的第一步：开发专车业务。而在这一阶段，滴滴深化业务细分领域，整合出行资源，以期覆盖所有出行场景，开发更多特色出行业务，致力于打造“一站式移动出行平台”。这个阶段的目标用户群体为对非公共交通出行有需求的人群。

滴滴在增长线上不断出击，转向业务多元化发展，试图把增长线再往上推。2015 年，滴滴相继推出顺风车、代驾、快车、大巴等业务。2015 年 6 月，C2C 拼车平台滴滴顺风车正式上线，随后推出跨城顺风车服务；7 月，巴士业务在北京、深圳上线运营；同时，社交代驾、旅游代驾、商务代驾等代驾业务也随之上线。随着多元业务的布局逐步铺开，滴滴商业帝国的野心初见雏形。2015年9月，滴滴进行全面品牌升级，并更名为“滴滴出行”。

滴滴需要不断衍生的业务去攀越天际线，因此它不断以核心客户资产与数据为基础释放增长期权。滴滴一方面着手开发出行以外的业务，如金融、外卖、汽车服务等，同时增加了更多重资产的业务，如共享青桔单车；另一方面，加强与其他旅游和出行相关企业的合作，拓展业务范围。2016年10月，滴滴宣布与猫途鹰（TripAdvisor）合作，双方把交通出行、酒店住宿、景点攻略等一系列需求供应结合起来，打造旅行和用车的完整旅游生态链，方便用户搜索、计划及管理旅程，实现轻松出行。11月，滴滴相继与安飞士巴吉集团（Avis Budget Group）①、大众集团达成战略合作协议和建立战略合作框架。2017年8月，滴滴相继宣布与欧非地区的共享出行领先者Taxify、东北非地区最大的移动出行网络平台Careem达成战略合作。这些战略合作，推动了滴滴走向世界，铺开国际业务格局，实现新的增长。

从滴滴对增长五线的设计和实施来看，我们可以得出

① 美国一家跨国汽车租赁集团，也是全球最大的汽车共享服务公司。——编者注

以下结论：第一，不是所有的企业都需要设置撤退线，但这是激烈的市场竞争中企业应该思考的问题；第二，增长五线不只是对自己业务增长的思考模式，也可以用增长五线来判断竞争对手的增长情境，如果大黄蜂没有被快的并购，滴滴和快的没有合并，今天的出行市场格局可能会重写，好的操盘者要意识到竞争对手在哪根线上，这样可以通过博弈设置自己的策略；第三，增长五线犹如一个琴谱，它们之间的切换非常关键，并非一定是设置好了成长底线后，才去做增长线、爆发线，在资本的推动下，这些线可以在短时间内一起构建，但是前提必须是资金充足，否则会出现业务衔接不畅和资金链断裂的问题；第四，成长底线、增长线和爆发线完成后，才有可能冲破天际线，冲破天际线的核心是把自己的资源作为杠杆，孵化出具有裂变属性的业务。

大资本助推下有时会让增长五线压缩到一个奇点同时展开。如果在风口上，两家公司处于寡头竞争状态，还有一种考虑的模式是先合并，再去融资做爆发线，这种“先退后进”的策略帮助滴滴快的、优酷土豆都获得了资本加倍的跟进。

但是对于大多数企业来讲，增长五线的切换还是需要次序性的。如果没有成长底线作为基础，增长线的设计可能会变成空中楼阁，因为成长底线是企业可以随时退回的战场，而如果成长底线不牢固，那增长线即使设计得再好，也没有基石来做支撑。以 GE 为例，在杰克·韦尔奇“数一数二”战略实施成功后，GE 精简到仅剩服务业、高技术和核心业务三大圈层业务，而正是这三大核心圈层产业为 GE 进行业务再扩张提供了坚实基础和广阔空间，支撑 GE 大举进军医疗、金融等高利润、高增长的全球性行业，获得持久的精简式增长和发展。兵法中提到“其疾如风，其徐如林，侵略如火，不动如山”，恰如企业在成长底线、增长线和爆发线上不断切换的节奏律动。

若把增长五线并列放在一起，我们会发现在不同的布局下，可能会形成不同的增长态势。我们抽离出六种典型的增长态势，它们是：囚徒困局者、本末倒置者、增长乏力者、好高骛远者、多元困境者、卓越领袖者。

第一种是囚徒困局者。这类公司在增长五线上无所作为，现有业务已进入增长黑洞，也没有作为与其他公司合并的撤退价值，在成长底线上，形成不了自己持续交易的基础，增长没有方向。

表 7-1　企业的六种增长态势

增长五线	撤退线	成长底线	增长线	爆发线	天际线
囚徒困局者	×	×	×	×	×
本末倒置者	×	×	√	√	√
增长乏力者	√	×	×	×	×
好高骛远者	×	×	×	√	√
多元困境者	×	×	√	×	√
卓越领袖者	√	√	√	√	√

第二种是本末倒置者。这类公司的典型特质是过量开发新业务，其 CEO 只要看到增长线就去捕捉，甚至制订无法企及的战略目标，把战略远景和战略目标等同，好大喜功，又忽视对核心业务的维护，无法为持续增长提供资金支持，基础业务上没有护城河，这种公司最大的危险在于资金链断裂。

第三种是增长乏力者。这类公司有一定的业务基础，可能也形成了固定的客户群，但是在激烈的竞争环境下形成不了自己的壁垒，或者护城河背后的利润区并不大。这类公司受困于核心业务不够强或者基础薄弱，未来增长机会有限。

第四种是好高骛远者。所谓好高骛远，即在前三条线都缺乏设计的情况下，一心想抓住风口，去做爆发线甚至是天际线。的确，有些踩到风口的企业可以实现爆发，但是由于缺乏坚实的成长底线，使得其爆发的成果难以持久。

第五种是多元困境者。这类公司的业务护城河还没有建好，却不断地在增长线上投入，哪儿有机会就去哪儿扩张业务，但是这些业务之间缺乏连接的基础。

第六种是卓越领袖者。这类公司在增长五线上都有布局，有增长基石，有增长地图，也有实现飞跃的爆发因子。

在成长底线向增长线，尤其是向天际线切换的时候，很多公司会从以前的业务中孵化出更多的业务，企业在切换这些业务时，容易陷入一个典型的增长误区，即多元化困境，这也是乐视所走的一步错棋。

前文曾给出一个增长公式，即

企业增长区＝宏观经济增长红利＋产业增长红利＋模式增长红利＋运营增长红利

宏观经济向好时，企业应该锁定成长底线，加快增长线布局，找到业务与宏观经济正向波动的领域，并果断进入该领域。而产业增长红利出现的时候，企业应该抓住风口的爆发点，成长底线一旦设计完成，要加快从增长线切换到爆发线，快速占领各个领域的入口，此时，速度第一，完美第二。2016 年，整个短视频行业蓬勃发展，进入该行业的企业以指数级增加，并呈现井喷态势。这是信息载体在互联网时代的新发展，用户在短视频上的消费总时长与图文总时长相比，前者超过 726 亿分钟，是后者的 1.33 倍，基于这一前瞻性预测，今日头条团队迅速把基于短视频形式的内容生产和分发提升至战略高度。今日头条迅速布局，以短视频为核心竞争力，打造出更为完整同时更具差异化的产品矩阵，同时投入 10 亿元作为其 App 上短视频创作者的补贴。今日头条可能是互联网第二梯队“TMD”（今日头条、美团、滴滴）里，甚至是中国新生互联网企业中，最没有边界的一个，但是其增长核心都用在对用户和流量的占领上。

当宏观经济和产业增长红利趋缓时，企业更多拼的是模式和运营的增长。以茅台为例，在白酒整体消费趋缓时，茅台开始发展电商业务，从 B2C 的电子商务业务发展到集 B2B、B2C、O2O 和 P2P（个人对个人）等营销模式于一体的茅台云商，借助大数据和物联网思维，融合线上、线下渠道，实现与消费者更精准的对话互动。并且茅台目前依靠线上云数据连接了 2 800 余家经销商，打造物联网云商交易平台，这不仅提高了茅台的核心竞争力，对其品牌影响力和市场占有率也发挥了非常大的促进作用。

增长五线对企业的指导意义

五根线之间的切换能够真正反映企业战略增长节奏的重要性。企业可以依据自己在五根线上的布局、现状来判断自己增长的核心和底牌。伊查克·爱迪思提出的企业生命周期理论，根据人从婴儿到老年的生长周期，把企业定义为孕育期、婴儿期、学步期、青春期……最后步入死亡期。这种以周期切入的视角，让 CEO 和领导层开始关注系统自身的变化与外部环境的战略共振，正如伊查克·爱迪思在《企业生命周期》一书中所说："如果公司的能量徒劳无益地耗费在试图清除让变化发生的障碍上，那么它就会遭遇异常问题。领导者的作用不是防止系统分离崩溃，相反，是去管理那些导致系统分离崩溃的变化，然后将系统重新整合为一个新整体。”

可是正如阿里巴巴前参谋长曾鸣教授所言，管理学家经常被嘲笑为历史学家，只会做事后诸葛一般的总结。的确，如果企业家们依据爱迪思的生命周期理论，去判断自己企业所处的周期是在学步期、青春期还是壮年期，就过于纸上谈兵了，因为生命周期的拐点很难判断。我们以腾讯和百度为例，这两家公司创立的时间在同一个互联网周期，但是如果让你去判断这两家公司的生命周期，我想没有专家能给出令人信服的答案。生命周期的理论看似有道理，但是在重要的环节——如何判断生命周期拐点上，难以形成一致意见。企业组织毕竟和人有根本的差异性：人的寿命区间可以按照哺乳动物的寿命规律估算，即是其生长期的 5~7 倍，也就是以 120 岁为当前上限。但是组织不一样，所以以此来判断企业的发展与未来前景，是不全面的。

增长五线可以给企业家提供另一个视角，正如黑格尔所言“逻辑与历史的统一是辩证逻辑的方法之一”，而原有的企业生命周期理论只看到了企业增长的历史，未看到其中的逻辑。市场营销理论中亦有“产品生命周期理论”，此理论把一个企业的产品上市分为导入期、成长期、成熟期和衰退期，但在真实的营销世界里，该理论指导意义不大，其主要原因也在于对周期转折点判断的不确定性上。是不是好的企业、是不是具有增长性的企业，关键不在于处于哪个周期之中，而在于成长底线牢固不牢固，有没有不断思考新的增长路径。企业在从优秀走向卓越的过程中，关键要能实现在数字时代换道超车下的爆发以及企业家用“做不可能的事”的情怀跨越天际线。

企业要用历史与逻辑的眼光来看增长，要用系统和动态的方法构建增长。以前的战略管理理论强调愿景、使命的重要性，试图让这些激动人心并被赋予崇高责任的梦想去激励企业增长，但是正如吴晓波早年在《被夸大的使命》中所言：“任何价值都不应该被低估，任何使命也不应该被夸大。”中国的大部分企业家都会去畅想远景，但不会为这些“远景”“愿景”设定一个锚，把企业增长的节奏变成一个可以进行逻辑化设计的剧本，让企业的终极价值追求可视化。日本一桥大学国际企业战略研究院教授楠木建著有《战略就是讲故事》一书，楠木建在书中说，“故事”不是“行动表”、不是“法则”、不是“最佳实践”、不是“模拟”，也不是“游戏”。从成长底线一直到天际线的逻辑以及增长路径的设计，可以让企业家把愿景变成增长故事，这个故事还可以变成一个动态、指向终极价值追求的“电影剧本”。

我也期望增长五线能在迈克尔·波特五力模型以及战略管理大师加里·哈默尔核心竞争力理论上实现进一步探索。很多企业家和咨询专家认为，数字化时代下迈克尔·波特的五力竞争模型失效，这点我并不认同。

迈克尔·波特是我最尊敬的战略大师，我曾于2017年专门去哈佛商学院拜访他。波特五力模型简单精美，我认为至今在战略学学说上无出其右。但是企业界浮现出了新问题，竞争不再是目的，而是手段，竞争优势也不一定必然带来增长。波特五力模型可以回答一些公司为什么有优势，但是不能让企业看到自己的爆发线和天际线（当然这也不是波特五力模型指向的目的）。

另外，基于对产业结构的研究发展出来的战略理论，在今天数字化时代下，既缺乏一定的动态性，又过于强调产业结构大于客户的观点，但事实是，今天客户的主导权越来越大。至于加里·哈默尔和普拉·哈拉德提出的核心竞争力理论，在该理论提出后一直受到质疑，甚至《麦肯锡高层管理论丛》中专门有一期谈“亦真亦幻的核心竞争力”，认为这个概念从逻辑上就是循环解释。2018年9

月，在海尔集团第二届“人单合一模式”国际论坛上，加里·哈默尔演讲的PPT中有一页竟然是“企业的核心能力缺陷”，他提出核心能力的缺陷表现在“惰性、渐进式增长、不人性化”，而这些正是增长五线要解决的问题。

增长五线对于投资人判断企业的价值也有参考意义。我在第三章中论述成长底线时，也引入了巴菲特关于“经济护城河”的概念。巴菲特依据这个投资法则，有效投资了可口可乐、西南航空公司、美国运通、卡夫亨氏、富国银行等企业，从1965—2017年，巴菲特旗下伯克希尔–哈撒韦投资公司的复合年增长率达到20.9%，超过标普500指数的9.9%。但是按照增长五线的设置，“经济护城河”的核心其实在于建造壁垒，并不会对增长期权给予过多的重视，所以巴菲特遗憾错过了谷歌、错过了亚马逊，高科技互联网公司的列车就从巴菲特的眼前开过，而他没有上车。巴菲特也意识到这个问题，他直接表态：“我在谷歌和亚马逊上做了错误决定。我们曾经考虑投资。我犯了一个错误，就是没有做出决定。”而这些以客户资产和数据连接的科技公司，如果在投资时一方面考虑到它们的“护城河底线”，另一方面关注它们的增长期权，判断它们的“天际线”所在，价值评估的结论可能完全不一样。因此，企业家和创业者们如果在为资本机构路演时，能够把愿景和布局以增长五线演示，也更能让资本机构信服。

本书的最后，我们还是回到此书开篇所提到的问题——在“增长”已是CEO议程的基础上，如何让增长落地。好的战略，一定是以增长为基础的战略，好的营销，也一定是以实现增长为目标的营销。战略的宏观性和营销的微观性，使得高管们在讨论宏大蓝图和微观洞察时失衡，以市场为核心的增长战略是可以承担这样的使命与责任的。增长五线，与其说是给高管们思考问题的一个工具，不如说是一种分解增长落地的思维，也正如我在开篇中提到的理查德·鲁梅尔特的观点，与其问CEO“你的公司有战略吗”不如问“你的公司有好战略吗”，增长也是如此。在今天增长这个词语开始成为企业界最热门词汇时，我们也可借用理查德·鲁梅尔特之问——“你的公司有好的增长吗？”而好增长的背后，是有可进可退的“撤退线”的设计，是有奠定公司发展基础的“成长底线”的规划，是有未来所有扩张路径集合的“增长线”的呈现，是可能一夜获得指数级发展的“爆发线”的构想，也是跨越卓越之墙的“天际线”的基本元素。我想，这就是我写本书的意义——尽我之力回答什么是“好的增长”。

本章小结

- 增长五线的切换尤其重要，它受到市场外部环境、竞争互动的影响，所以CEO需要同时思考多条线的布局。
- 增长五线的不同组合会形成六种典型的增长态势，分别为：囚徒困局者、本末倒置者、增长乏力者、好高骛远者、多元困境者和卓越领袖者。
- 增长五线的切换真正反映出战略增长节奏的重要性，企业可以依据自己在增长五线的布局、现状来设计自己的增长策略。
- 从撤退线、成长底线一直到天际线的逻辑以及路径设计，可以让企业家把愿景变成增长故事，让企业发展动态化地指向终极价值。
- 与其问企业整个管理层有没有战略，不如问其有没有增长战略，更不如问其“有没有好的增长战略”。融合营销和战略的增长蓝图，即增长五线，它回答了什么是“好的增长”的问题。